PLAN SOMMAIRE

D'UN TRAITÉ DE GÉOGRAPHIE

ET DE STATISTIQUE,

A L'USAGE

DES OFFICIERS DES ÉTATS-MAJORS DE L'ARMÉE,

PRÉCÉDÉ

D'UN ESSAI SUR LA DOCTRINE, LE BUT ET LA MARCHE DE CES SCIENCES.

PAR LE BARON DE FÉRUSSAC,

Chef de Bataillon au corps royal d'État-Major, chargé du Cours de Géographie et de Statistique militaires, à l'École d'Application de ce corps; ex-Sous-Préfet, Chevalier de Saint-Louis et de la Légion d'honneur, et membre de plusieurs Sociétés Savantes nationales et étrangères.

A PARIS,

CHEZ { ANSELIN ET POCHARD, Libraires pour l'Art militaire, rue Dauphine, n° 9;
ARTHUS-BERTRAND, Libraire, rue Hautefeuille, n° 23.

1821.

Ouvrages du même Auteur, qui se trouvent chez les mêmes Libraires.

De la Nécessité de fixer et d'adopter un corps de doctrine pour la Géographie et la Statistique, avec un Essai Systématique sur cet objet, etc., in-8°; Paris, 1819.

Chambres Départementales, considérées comme moyen d'arrêter toute usurpation sur la puissance légitime, et de rétablir la liberté convenable aux communes, suivi de quelques Observations sur différens sujets d'Administration et de Politique, in-8°; Paris, 1816.

Journal Historique du siége de Saragosse, suivi d'un Coup-d'Œil sur l'Andalousie, in-8°; Paris, 1816.

DE LA GÉOGRAPHIE

ET

DE LA STATISTIQUE,

CONSIDÉRÉES DANS LEURS RAPPORTS AVEC LES SCIENCES QUI LES AVOISINENT DE PLUS PRÈS,

OU

ESSAI SUR LA DOCTRINE, LE BUT ET LA MARCHE DE CES SCIENCES.

DE LA GÉOGRAPHIE

ET

DE LA STATISTIQUE,

CONSIDÉRÉES DANS LEURS RAPPORTS AVEC LES SCIENCES QUI LES AVOISINENT DE PLUS PRÈS.

Il est dans la nature de nos facultés d'élever assez haut l'édifice des sciences, avant d'employer pour le soutenir et pour assurer l'harmonie de toutes ses parties, les règles d'une saine critique, et cette méthode rigoureuse, qui peut seule assigner leur place véritable aux matériaux divers entassés par les efforts successifs des générations.

Le besoin impérieux que nous éprouvons de nous rendre raison des choses, l'orgueil que nous mettons à expliquer des faits plus ou moins étonnans pour notre esprit, nous empêchent, trop souvent, d'attendre que ces faits soient observés dans leur vrai jour, et l'on se hâte de bâtir des systèmes, qui, trop souvent aussi, s'écroulant les uns sur les autres, ne servent qu'à caractériser la faiblesse ou le délire de l'esprit humain. Cependant les faits s'accumulent et n'en connaissant point les rapports, on ne saurait en saisir les conséquences dont l'application devient par conséquent impossible. Comme il faut désigner ces faits par un nom collectif, qui ne précise rien et puisse s'appliquer à tout, on invente ces épithètes fastueuses ou insignifiantes, qui, plus tard, deviennent un véritable obstacle aux progrès des connaissances, par leur empire sur le vulgaire, lequel, sans y attacher aucun sens, sans pouvoir en préciser les attributions et les limites, se complaît dans un vague qui tient encore du mystérieux ou du magique des dépositaires des connaissances chez nos pères. C'est dans ces circonstances qu'ont été créées les dénominations de *Physique*, *d'Histoire de la nature* ou *d'Histoire naturelle*, de *Géographie*, et plus tard celle de *Statistique*.

En effet, physique vient de Φυσικός, et celui-ci de Φυσις dont la racine Φύω, signifie *naître*, *produire*, engendrer. Mais l'on donna bientôt à la physique, toute l'extension qu'avoit reçue, chez les Grecs, le mot Φυσις; *naissance; nature, complexion; vertu, force; espèce, sexe; forme, structure, figure, substance*, etc., etc.; Φυσις signifiait tout cela, et tout ce qui concernait ces matières disparates fut classé dans la physique : aussi nos pères, après avoir qualifié de physiciens tous ceux qui s'occupaient des sciences proprement dites, ont aussi donné ce nom aux médecins.

Cette obscurité des jours de ténèbres ne saurait nous surprendre; mais tel est l'empire de l'habitude et le malheur attaché à l'absence de l'esprit de critique, que nous avons vu, jusque dans ces derniers temps, la physique envahir toutes les sciences dites *naturelles*, par la facilité avec laquelle une semblable dénomination se prêtait à toutes les acceptions. Ainsi l'astronomie, l'histoire naturelle toute entière, la physiologie, la chimie, la médecine furent regardées par des savans du premier ordre, comme des branches de la physique. D'autres savans, non moins célèbres, regardaient, à leur tour, toutes ces sciences et la physique elle-même, comme des parties de *l'histoire naturelle* ou *histoire de la nature*, qu'un titre si général laissait bien en effet la maîtresse de soumettre toutes les autres à son vaste empire.

Si les géographes n'ont pu faire entrer dans la description de la terre, celle de l'univers dans sa totalité, ils sont sortis du globe autant qu'ils l'ont pu, et tout ce qui tient aux choses terrestres a été considéré, par la plupart d'entre eux, comme étant du domaine spécial de la géographie. Ainsi furent créées des sciences monstrueuses, composées d'élémens divers, impossibles à coordonner; vaste labyrinthe dans lequel le savant lui-même ne pouvait plus se reconnaître, et dont le commun des hommes s'éloigna, épouvanté d'une construction si difforme et si gigantesque.

Ce mal semble être dans la nature même de l'homme; il observe, il rassemble ses observations, mais malheureusement celles qui doivent l'éclairer et lui faire apercevoir l'ordre et les rapports de toutes les autres, paraissent ne pouvoir se présenter à son esprit qu'après les faits dans lesquels il s'est d'abord égaré.

Lorsqu'enfin la lumière apparaît dans ce vaste chaos, un esprit supérieur saisit le flambeau, et porte, dans toutes ses parties, l'ordre et la méthode. Des rapports inconnus et nouveaux se montrent alors de toutes parts; partout on découvre des vues particulières et imposantes; partout on aperçoit les buts divers et distincts que la nature a indiqués aux hommes comme termes à atteindre pour le bonheur de chacun d'eux en particulier et la prospérité commune à tous. Enfin ce dédale est accessible aux mortels, et la méthode devient un fil si sûr et si commode, qu'il est donné à quelques-uns d'entre eux de pouvoir, avec son secours, parcourir d'une marche assurée toutes les routes de ce vaste labyrinthe devant lequel ils eussent, auparavant, reculé d'épouvante.

Il était réservé à Newton, à Lavoisier, à Linnée de saisir ce flambeau créateur, qui, promené par eux sur toutes les parties de la physique, de la chimie et de l'histoire naturelle, dissipa les ténèbres répandus sur ces sciences, et les élémens divers, frappés de son éclat, se rassemblèrent selon les lois de la nature.

La géologie, la théorie de la cristalisation et la physiologie sortirent, par suite de cette création; distinguées, appréciées dès qu'on soupçonna leur nature distincte et leur but, elles firent d'immenses progrès. Ces exemples frappans doivent faire comprendre la nécessité de l'ordre, dans les connaissances qui ont pour but *les lois d'existence des associations humaines, et les rapports réciproques de celles-ci sur la surface du globe;* ordre si avantageusement établi par les grands hommes que nous venons de citer, dans les sciences qui s'occupent des lois qui régissent l'univers en général et les êtres en particulier, ou dans celles qui nous offrent les caractères qui différencient ceux-ci les uns des autres.

Et qu'on ne croie point que cette distinction sévère sur laquelle je crois devoir appeler l'attention, que cette rectitude dans la méthode de classer les faits, soit une chose futile et peu importante, et qu'il suffise de connaître certains faits, n'importe la place où ils seront consignés, n'importe la manière dont ils seront présentés? Il s'en faut que ce soit une chose indifférente en elle-même; car de la place d'où l'on présente ces faits, dépend le vrai jour sous lequel on les voit; de l'ordre dans lequel on les établit les uns par rapport aux autres, dépendent leur liaison, leur enchaînement et l'existence des rapports qui seuls peuvent éclairer l'esprit, lui en faire apercevoir les conséquences et rendre la science utile. Changez cette place, rompez cet enchaînement, vous n'aurez plus que des faits isolés; leurs rapports, leurs conséquences vous demeureront cachés. Au commencement du 18e siècle, le défaut d'esprit de critique et d'une saine méthode firent bannir par la médecine, l'application des procédés chimiques. Après 50 ans de proscription, la révolution opérée par Lavoisier, dans la chimie, lui fit recouvrer l'honneur d'être un des plus utiles appuis de la médecine.

C'est ce qui arrive de nos jours pour la statistique et l'économie politique ; des sciences d'une aussi haute importance pour les nations et leurs individus, sont méconnues, négligées et restent sans applications, parce que leur doctrine n'est point arrêtée, que leur but est imparfaitement connu, et qu'enfin l'on n'a point envisagé ces sciences sous leur véritable point de vue.

Une science ne fait d'ailleurs de véritables progrès, ainsi que le dit fort judicieusement M. Say, *que lorsqu'on est parvenu à bien déterminer le champ où peuvent s'étendre ses recherches et l'objet qu'elles doivent se proposer; autrement on saisit çà et là un petit nombre de vérités, sans en connaître la liaison ; et beaucoup d'erreurs, sans en pouvoir découvrir la fausseté* (1).

Déjà, cependant, l'inévitable influence des sciences physiques sur l'esprit de l'homme, en le portant à l'analyse et à la critique, a fait distinguer au milieu des ténèbres du chaos géographique, la statistique et l'économie politique. Déjà l'on aperçoit (2) les vraies limites de la géographie. M. Lacroix, fort de cet esprit d'analyse et de saine critique, dont il a une si grande habitude, a jeté, comme en passant, un regard sur cette science, et lui a imprimé une nouvelle marche. Sans doute le moment n'est point éloigné où cette science, comme la statistique et l'économie politique, nettement circonscrites, deviendront autant de flambeaux distincts, d'où jailliront les lumières qui seules peuvent guider avec sécurité et succès, dans leurs carrières différentes, l'homme d'État, l'homme de guerre, le publiciste, le commerçant, le financier, l'économiste, le spéculateur, et commander à la gloire, à la puissance, à la richesse et à la force des nations, comme à la fortune privée, ainsi que les sciences exactes dirigent, activent et commandent aux arts pratiques, à l'industrie et au luxe des États, comme aux jouissances des particuliers.

C'est l'absence de méthode et d'esprit de critique qui a fait rester si long-temps les nations dans l'ignorance de *l'économie politique* et de la *statistique* ; c'est encore parce qu'on n'a point appliqué à ces sciences et à la géographie ces moyens si habilement pratiqués de nos jours, qu'elles

(1) Say, *Disc. prélim.*, p. 1.
(2) Lacroix, *Introduction à la Géographie*.

ne sont point estimées ce qu'elles valent. Ces sciences existaient cependant dans l'ensemble des considérations qu'il est donné à l'homme d'approfondir, ou dans le code des lois d'existence qu'il doit étudier; mais elles ne furent point aperçues d'abord, et ensuite on les a méconnues et mal jugées.

Il en fut de même pour la *géologie* ou *géogonie* qui marche actuellement à grands pas vers une théorie certaine; il en est encore de même aujourd'hui pour *l'ontogonie* ou *histoire des êtres*, science qui doit faire connoître la *théorie de la vie* sur le globe, son établissement successif sur toutes ses parties, la formation ou la naissance des espèces, celles des variétés, l'anéantissement de certaines races ou espèces, etc.; on l'aperçoit, pour ainsi dire, naître elle-même; on n'en connaît que quelques linéamens, mais l'on peut présumer que l'avancement de la géogonie, les progrès de la physique, et surtout ceux de la chimie et de la physiologie, procureront sur cette nouvelle science, des données dont il n'est pas possible d'apprécier aujourd'hui l'importance.

La géographie considérée sous son véritable point de vue, c'est *la description de la manière d'être ou d'exister du globe terrestre et de ses parties principales; soit des circonstances naturelles de structure générale ou de formes extérieures qu'il présente; soit des circonscriptions politiques que les sociétés humaines admettent entre elles.* Elle est pour le globe ce que la cosmographie est pour l'ensemble de l'univers. Elle admet des divisions d'espaces qui comportent des degrés subordonnés de détails; ce qui donne lieu à la *Chorographie* et à la *Topographie.*

Ces divisions d'espaces s'observent aussi dans la manière dont on représente le globe ou ses parties par des *Cartes*, dont la *Géographie narrative* ou *descriptive* n'est qu'une sorte d'explication.

La géographie se divise en deux parties très-distinctes : l'une considère le globe *pour lui-même*, comme l'un des corps du système planétaire enveloppé de son atmosphère, mais indépendant des autres corps du système, tel qu'il a été créé ou que les circonstances physiques l'ont rendu depuis sa formation; en un mot, dans l'état naturel où il se trouve, sans s'occuper des hommes qui l'habitent : c'est la *Géographie physique* que j'avais nommée *Cosmographique*, à cause du peu de sens de cette première dénomination, mais qu'on pourrait nommer avec plus de convenances encore, Géographie naturelle (1).

(1) Qui n'est point celle des animaux, des plantes et des minéraux que quelques auteurs ont aussi appelée *Géographie naturelle.*

L'autre considère la surface de la terre *habitée par l'espèce humaine ou dans ses rapports avec les sociétés;* c'est la GÉOGRAPHIE POLITIQUE qui indique *l'emplacement des nations, leurs limites respectives, et les établissemens et institutions nationales, qui fixent les nations sur le sol et constituent dans ce sol une façon particulière d'exister*, qui rattache la description des États politiques à celle de la terre, envisagée pour elle-même.

Si l'on considère cependant que le globe terrestre, comme corps planétaire, est soumis aux influences immédiates des autres corps du système, d'où proviennent une infinité de phénomènes importans pour les hommes et leur vie civile, tels que le jour, la nuit, le retour périodique des saisons, l'inégalité des uns et des autres, eu égard aux diverses positions de la sphère; les climats, les zones, les marées, etc., dont les circonstances varient pour les différentes régions du globe; si l'on observe que l'on ne peut fixer la position des parties de sa surface qu'à l'aide de leur correspondance avec les cercles dont on a imaginé la sphère céleste coupée; si enfin la nécessité de connaître la raison des phénomènes célestes, pour en bien saisir l'ensemble, forcent à faire précéder l'étude de la géographie par celle de la *Cosmographie* et de *l'Astronomie*, il n'en est pas moins vrai que ces sciences ne dépendent point de la géographie, qu'elles ne peuvent être dans leurs faits généraux qu'une introduction à son étude, et qu'au contraire c'est la géographie qui dépend de la cosmographie, comme la partie dépend du tout.

Il a paru cependant à quelques bons esprits, que la considération des rapports du globe avec les autres corps du système planétaire, pouvait, à cause de l'importance de ces rapports pour les hommes et tous les usages de leur vie, à cause de leur influence sur la température et les productions de la terre, être considérée comme appartenant à la géographie, puisque ces rapports semblent modifier la manière d'être ou d'exister du globe ou de ses parties. Cette manière de voir, qui a donné naissance à la *Géographie astronomique*, offre sans doute une idée spécieuse et philosophique; elle introduirait une troisième grande division dans la science géographique, celle *du globe considéré dans ses rapports et ses dépendances des autres corps du système planétaire.*

Mais si l'on fait réflexion que la cosmographie et l'astronomie, par la sphère de leurs attributions, sont chargées de décrire et d'expliquer l'ensemble du système planétaire et précisément de faire connaître tous les rapports mutuels des différens corps qui le composent, par conséquent d'expliquer les phénomènes généraux de la nuit, du jour, des saisons, des éclipses, etc., qui n'ont pas lieu rien que pour nous, car *le soleil luit pour tout le monde*, ou du moins pour tout le système planétaire; que d'ailleurs l'application des cercles de la sphère céleste sur le globe terrestre, pour déterminer la position de ses parties, est commune aux autres planètes; qu'il ne s'agit pas ici de lois particulières, mais de lois générales; si l'on observe enfin que ces sciences, s'occupant de ces considérations dans le but de l'instruction de l'homme, rapportent toujours, en définitif, toutes les applications à la terre; il paraîtra concluant de ne voir, dans la considération du globe, envisagé dans ses rapports et ses dépendances générales des autres corps du système planétaire, qu'une des nombreuses considérations de même sorte que la Cosmographie et l'Astronomie sont obligées de présenter, puisqu'elles examinent tous les corps du système planétaire, dans leurs rapports réciproques, soumettant toujours leurs résultats aux applications qui nous intéressent plus directement.

Il nous paraît donc rationel et méthodique de ne point comprendre dans la géographie, et comme une de ses divisions de matières, la considération dont il s'agit, mais d'exposer comme introduction à son étude, et sous le titre de *Notions générales de Cosmographie et d'Astronomie*, ainsi que le fait M. Lacroix, tous les élémens nécessaires pour bien connaître les rapports du globe avec les autres planètes, et l'explication des phénomènes dont il partage l'effet et l'influence avec elles, ainsi que la théorie toute astronomique de la mesure de la terre.

La réunion de cette considération à la géographie, aurait d'ailleurs l'inconvénient d'introduire dans le domaine de cette science *toute descriptive*, une partie qui demanderait à chaque pas l'application et l'exposé des lois astronomiques, sans lesquelles on ne pourrait décrire ni expliquer les phénomènes pour lesquels la terre dépend des autres corps du système planétaire.

L'introduction dont il s'agit ici ne saurait non plus, à ce qu'il nous semble, s'appeler *Géographie mathématique;* cette dénomination nous paraît devoir spécialement s'appliquer, ainsi que M. Lacroix l'a fait, à l'ensemble des préceptes pratiques qui composent la théorie de la construction et du lever des cartes à vue du terrain; comme celui de *Géographie critique* doit être réservé aux méthodes employées pour les exécuter ou les rectifier d'après des itinéraires ou des relations de voyages.

La géographie mathématique et critique et la *Géographie narrative* offrent, comme l'observe très-bien M. Lacroix qui a proposé cette dernière dénomination, deux modes très-distincts dans l'exposition de la géographie; la première, par la représentation de la terre, au moyen de dessins ou de cartes; la seconde par sa description, au moyen d'une suite de discours qui indiquent tout ce qui est du ressort de cette science.

La description de notre planète avec son atmosphère, abstraction faite des autres corps célestes et des hommes qui habitent la terre, offre, dans la nature même des grandes masses *fluides*, *liquides* et *solides* qui la composent, trois grandes divisions de matières aussi tranchées que méthodiques, et dont la réunion forme l'ensemble des considérations dont s'occupe la géographie physique ou naturelle. Comme il est dans l'ordre et dans l'esprit de méthode de commencer par l'ensemble, avant d'arriver aux détails, et d'envisager d'abord ce qui est extérieur et embrasse le tout, les considérations générales et d'ensemble doivent précéder les particulières, et les descriptions de l'atmosphère, des eaux et des parties solides se succéder dans cet ordre de dépendance naturelle qui conduit immédiatement à l'exposition de la *Géographie politique*, laquelle s'appuyant sur la *Géographie naturelle* pour toutes les bases d'emplacemens, d'établissemens ou de division du sol, n'étant rien que par elle, est par conséquent placée à son égard, dans un ordre de subordination.

D'un autre côté, si l'observation de l'état actuel du globe nous fait désirer de remonter à sa formation, pour en connaître les mystères; si les témoignages nombreux qu'offre sa surface, des catastrophes violentes qu'il a éprouvées et des changemens insensibles qu'il éprouve encore, nous font désirer de savoir la cause des uns et des autres; il n'en reste pas moins certain que ces considérations, qui dépendent d'un autre ordre de faits, qui ne sont point du ressort *des choses qui existent*, mais des choses *qui sont arrivées* ou *qui arrivent*, ne sauraient être comprises dans le domaine de la géographie, et ne peuvent qu'en précéder ou éclairer l'étude pour ceux qu'anime le désir de se rendre raison des faits géologiques; car ces faits tiennent à la *formation*, à *l'histoire* du globe et non à sa manière d'être ou d'exister, dans un instant donné, ainsi qu'il appartient à la géographie de le considérer.

La *Géologie* ou *Géogonie*, que d'autres nomment *Géogénie*, traite spécialement de l'histoire du globe, c'est-à-dire de sa formation, des catastrophes qu'il a éprouvées et des causes qui modifient encore, mais plus lentement, ses formes extérieures. Elle établit et distingue les diverses époques de formations qui divisent les terrains en *primitifs*, *intermédiaires*, *secondaires*, *terciaires* et de *transports*, ainsi que leur âge relatif, et précise les caractères auxquels on peut les reconnaître. Elle parcourt de cette manière la même sphère que l'histoire pour les sociétés politiques; son domaine est donc parfaitement limité.

Nous n'avons pas de raisons d'un ordre aussi impérieux, pour assigner les limites qui séparent la géographie de *l'Histoire naturelle*, c'est-à-dire de la description des êtres animés ou inanimés, ou des animaux, végétaux et minéraux qui peuplent et embellissent la terre, ou composent sa masse solide; description qui n'est au fond que l'exposition méthodique des caractères spéciaux qui les différencient. On sentira cependant que la difficulté de la distinction de ces deux sciences, si elle existe, ne peut avoir lieu qu'à raison des corps solides et inanimés qui composent le globe. Cependant, comme on enclave souvent la géographie des animaux et des plantes dans le cercle des sciences géographiques, il est nécessaire de présenter l'ensemble des principes qui doivent servir de bases pour déterminer les applications de ces deux sciences, l'une envers l'autre.

Si l'on réfléchit, on sentira que les êtres vivans qui peuplent le globe, que les substances inertes qui le composent, ne peuvent être envisagés par la *Géographie naturelle*, que d'une manière très-générale, et seulement pour caractériser les diverses espèces de terrains, les divisions naturelles du sol, et indiquer leurs différences réciproques.

Si l'on considérait les animaux, les végétaux et les minéraux, pris chacun isolément, comme partie essentielle du tout de la surface terrestre, la description des parties de celle-ci emporterait celle de tous les êtres; on sent que l'idée seule est absurde : si c'est pour caractériser les parties de cette surface qu'on voudrait faire seulement l'énumération de tous les êtres ou de toutes les substances, on voit que cette considération serait, en ce cas, également absurde, et qu'elle n'est plus que secondaire; qu'on n'envisage plus les êtres comme des parties, mais comme des touts distincts; ce qui les place nécessairement dans le domaine d'une autre science qui doit aussi décrire *leur manière d'exister*, et qui doit, par spécialité, en faire l'énumération.

Cette autre science, c'est l'histoire naturelle ou *Ontographie* qui, dans sa partie philosophique, s'occupe de cette énumération pour en déduire des conséquences relatives, soit à la nature, aux habitudes ou aux gissemens des êtres, soit aux différences des climats, soit encore à la richesse de tel ou tel pays dans certaines productions, etc. De là viennent les géographies des *plantes*, des *animaux*, des *minéraux*, qui ne sont que des applications de la géographie à l'histoire naturelle, et non des branches ou des manières spéciales d'envisager cette première science, ainsi que le fait sentir M. Lacroix dans son excellente introduction à la géographie.

L'histoire naturelle a, comme la géographie, des sœurs dont l'une, *l'Ontogonie*, doit faire connaître la formation des êtres et fait partie des sciences historiques; l'autre, *l'Ontonomie*, qui nous donne leurs lois d'existence, et fait partie des codes de lois de la nature. Celle-ci se divise en *Chimie* et en *Physiologie animale* et *végétale* qui, chacune, ont leur partie anatomique.

L'énumération de toutes les espèces vivantes ou inertes, ne pouvant rien ajouter par le fait, à la description de la manière d'être du globe; c'est seulement par les caractères frappans et généraux que certaines productions ou certaines substances, *envisagées dans un grand ensemble*, impriment aux parties de la surface terrestre, que la géographie peut réclamer quelques applications de l'histoire naturelle, pour distinguer ces parties et faire connaître la surface de la terre. Alors seulement ces productions ou ces substances peuvent entrer comme élémens dans une description géographique. De ces principes vient la distinction des différentes espèces de sol, telles que les *pays de forêts*, *les steps couverts de végétaux herbacés*, *les plages dépouillées de végétation*, *les pays couverts d'arbres résineux*, *ceux couverts de bruyères ou de landes*, etc., parce que ces circonstances caractérisent de très-grands espaces de terrain sur la surface du globe, et différencient notablement leur aspect. La géographie naturelle ou physique se sert encore des diverses espèces de roches prises en grande masse, de ce que les minéralogistes appellent *formations*, pour caractériser les terrains et préciser leur apparence extérieure, et cela avec d'autant plus de raison qu'elles impriment aux contrées, surtout aux divers systèmes de montagnes, un aspect particulier et distinctif, qu'elles en modifient les formes, et donnent à leur hydrographie des caractères particuliers. Ainsi la géogonie distingue essentiellement les terrains *granitiques*, *schisteux*, *calcaires*, *gypseux*, *de craie*, *de houille*, *volcaniques*, *d'alluvions*, etc., etc.; dont les différences de formations sont déterminées par la *minéralogie*, qui énumère d'ailleurs toutes les substances que les couches, qui composent ces formations, renferment; qui les décrit, qui indique leurs gissemens dans ces couches, etc.; mais qui laisse à la *Géographie physique*, le soin d'observer les masses, en un mot, de décrire les formes de l'écorce du globe qu'il nous est donné de connaître, c'est-à-dire les rapports mutuels d'emplacemens, d'étendue, de successions, de figures des différentes *formations* qui composent les diverses natures de terrain.

La *Géographie physique* se sert aussi des dénominations consacrées par les géologues, pour distinguer les terrains d'après les époques de leur formation, ainsi que nous l'avons indiqué plus haut; mais elle laisse à la *Palontographie*, ou connaissance des débris fossiles des êtres vivans, le soin d'énumérer toutes les espèces fossiles que renferment les diverses formations.

La *Géographie naturelle* ne voit, dans les productions du globe, que les masses qui impriment caractère au sol.

Ce n'est donc point comme diversité de productions, ni par l'utilité de certaines d'entre elles, que la géographie naturelle envisage certains végétaux ou certaines roches, mais seulement parce que ces productions, répandues en grandes masses sur la terre, modifient sa manière d'être, caractérisent sa structure ou ses parties extérieures, et doivent, par là, faire partie de sa description. Considérées par rapport aux hommes, les productions de la nature sont du ressort de la *Statistique*, comme nous le verrons tout à l'heure, parce qu'à elle seule appartient cette considération relative au bien-être des hommes ou des sociétés.

Nous avons désigné les trois parties de la *Géographie physique* ou *naturelle*, sous les noms *d'Aërographie*, *d'Hydrographie* et de *Géognosie*; il nous paraît utile, avant d'aller plus loin, de présenter quelques réflexions au sujet de ces trois parties, réflexions qui seront mieux senties par la lecture de celles qui précèdent.

L'atmosphère, considérée sous le rapport de la nature différente des corps atmosphériques dont elle est composée, a paru, à des autorités respectables, devoir former un règne à part dans l'histoire naturelle. Elles ont divisé les corps terrestres en *organiques* et *inorganiques*. Les premiers se distinguent en animaux et végétaux : les seconds, en *minéraux et corps atmosphériques*. Ces derniers, à l'état fluide et gazeux, enveloppent la masse solide du globe, formée par les minéraux. De là quatre sections dans l'histoire naturelle : le *Règne animal*, le *Règne végétal*, le *Règne minéral* et le *Règne atmosphérique*. La séparation entre ces deux derniers avait été indiquée par Bergmann, et son opinion, adoptée par Werner et d'autres savans, vient d'être reproduite par M. d'Aubuisson, et nous paraît tout à la fois aussi juste que nécessaire.

Tandis que la partie de l'histoire naturelle qui s'occupe du règne atmosphérique, énumère les corps de ce règne et les distingue les uns des autres, au moyen des caractères qui les différencient, la *Chimie* analyse ces corps, détermine l'action qu'ils exercent les uns sur les autres, et explique les causes des phénomènes météoriques, dans la partie de cette science, qu'on peut appeler *Météréologie*, ou mieux *Météréonomie.* La géographie physique se borne, au contraire, dans *l'Aërographie*, à donner la description de l'atmosphère prise en masse, c'est-à-dire sa forme, son volume, ses diverses régions, ses relations avec la terre et l'eau, et à mentionner et décrire les phénomènes qui se passent dans l'étendue qu'elle occupe, c'est-à-dire ceux qui sont rendus sensibles à nos yeux ou qui influent sur la terre, tels que ses mouvemens généraux et particuliers, les phénomènes aqueux, etc.

L'*Hydrographie* envisage les eaux de la même manière, et laisse à la chimie le soin de les décomposer, de les analyser, d'indiquer les substances que certaines d'entre elles tiennent en dissolution, et d'expliquer les phénomènes de leur changement d'état, soit en vapeurs ou en masses solides.

Nous avons déjà précisé le but et la marche de la géognosie, mais nous devons observer que ce nom emporte une plus grande extension chez Werner qui, le premier, l'a créé. Cet homme célèbre divisait la minéralogie en trois parties; l'une qui énumère et distingue les divers minéraux par des caractères extérieurs qui frappent nos sens, est appelée par lui *Orictognosie;* l'autre qui fait connaître ce qui constitue leur essence, c'est-à-dire leur composition chimique; il l'appèle *Minéralogie chimique*, et Fourcroy *Chimie minérale*, ce qui nous semble plus juste. La troisième, qui donne les circonstances du gissement des minéraux, et le rôle qu'ils jouent dans la constitution du globe, est ce que Werner désigne sous le nom de *Géognosie.* « Ainsi d'après le plan de Werner, dit » M. d'Aubuisson (page 375, tome Ier de son Traité de géognosie), et c'est » celui que nous avons suivi, un traité de géognosie doit être l'exposé de » nos connaissances sur le globe en général, et principalement sur les » gîts des minéraux; cette dernière partie concerne la *Constitution minérale* du globe, et nous avons compris ce qui était relatif à la pre» mière sous le nom de *Constitution physique.* » Selon nous la constitution minérale est tout à fait de la minéralogie ; tandis que ce que M. d'Aubuisson a compris dans la constitution physique, nous semble être, ainsi qu'il nous paraît le reconnaître lui-même, de la géologie ou de la géographie physique, à l'exception de la classification des roches, qui appartient essentiellement à la minéralogie. D'après cela nous croyons devoir conserver le nom de géognosie à la partie de la minéralogie de Werner, qui s'occupe de la constitution physique du globe, et la laisser dans la géographie physique, comme étant sa place naturelle, de même qu'on peut, avec Fourcroy, revendiquer à juste titre la minéralogie chimique pour la chimie.

Nous nous arrêterons un instant sur une erreur adoptée, faute d'un examen attentif des matières, par quelques savans recommandables d'ailleurs ; les uns, comme nous l'avons signalé autre part, ont traité, sous les noms de *Géographies astronomique, physique, naturelle, historique, politique*, des matières entièrement étrangères au domaine spécial de la géographie, et confondant ainsi toutes les sciences, ont fait de celle-ci un vaste chaos, où l'astronomie, la cosmographie, la physique, la géogonie, l'histoire naturelle, l'histoire, l'économie politique, la statistique, venaient plus ou moins se confondre et s'anéantir, perdre leur couleur, leur force et leur influence, pour former un tout indigeste, sans goût, et qui pis est inutile, puisque tous les principes des lumières qui pouvaient jaillir de chacune de ces sciences, et de la géographie en particulier, se trouvaient anéantis par l'impossibilité de saisir les rapports des faits ainsi confondus ensemble, et d'en déduire les conséquences. D'autres sont arrivés au même but en se plaçant faussement dans le cercle de la géographie, pour considérer le globe sous divers aspects spéciaux, lesquels ont varié suivant les idées favorites des auteurs de ces considérations, et peuvent, comme on le conçoit facilement, varier à l'infini, puisqu'on peut envisager le globe sous toutes les combinaisons possibles. Ces considérations remplacent souvent les diverses géographies bâtardes que je viens de mentionner. Aussi, si l'on a bien saisi les observations qui viennent d'être présentées, on comprendra facilement que, *considérer le globe par rapport aux corps organiques ou inorganiques qui le peuplent ou le composent*, sont des considérations qui dépendent entièrement du domaine de l'histoire naturelle et de la géologie ; que *considérer le globe sous le rapport des êtres utiles ou nuisibles à l'homme*, sont des considérations évidemment dépendantes de l'économie politique ou de la statistique. Il en est de même de toutes celles qu'on peut former hors du domaine propre de la géographie. Le point de vue sous lequel on aperçoit un objet, doit toujours dépendre du cercle dans lequel on se place pour l'observer.

Toutes les considérations que je viens de signaler, prises en elles-mêmes et vues isolément, peuvent être souvent intéressantes ou curieuses; mais elles ne sont vraiment instructives et utiles que lorsqu'elles sont placées dans les cercles scientifiques auxquels elles appartiennent; là elles éclairent l'esprit sans rompre la marche des idées; lorsqu'elles en sortent, elles rompent l'ordre et les rapports, détournent l'esprit de sa marche et l'éloignent du but qu'il cherche à atteindre : car ce n'est jamais sans conséquences fâcheuses qu'on détruit la progression d'idées qu'il faut lui présenter pour qu'il saisisse avec fruit, l'ensemble d'une science et en comprenne la véritable fin.

Je crois avoir suffisamment indiqué le but, la marche de la géographie naturelle ou physique, et avoir montré ses rapports avec les sciences qui l'avoisinent ainsi que les différences qui les distinguent. On doit comprendre actuellement l'esprit dans lequel on doit traiter cette science, l'ordre et la méthode qui doivent guider dans l'exposition des faits qu'elle embrasse. Elle décrit le globe indépendant des autres parties du système planétaire et de l'homme qui l'habite; mais elle ne raconte point sa formation, et ne donne point ses lois d'existence: elle indique les diverses espèces de sol, les diverses natures de terrain, mais elle ne décrit ni n'énumère les végétaux qui embellissent le globe, ou les minéraux qui composent les couches de son écorce. Son domaine est encore assez vaste, ses détails assez importans et assez curieux, ses applications assez utiles et assez piquantes. On peut en juger par le tableau synoptique placé à la fin de ce Mémoire.

Passons à la géographie politique. C'est en considérant ses rapports avec l'histoire, l'économie politique et la statistique, que nous ferons connaître ses limites véritables et la sphère de ses attributions.

Quant à l'histoire, il ne s'agit pas de prouver une chose vulgaire, c'est-à-dire sa distinction de la géographie politique; mais il s'agit de démontrer que les narrations historiques ne sauraient appartenir à une science toute descriptive. Ces deux sciences sont placées dans des ordres de considérations tout à fait séparés; l'une raconte la succession des événemens qui *sont arrivés*, l'autre décrit les *choses qui existent*; l'histoire se base essentiellement sur la chronologie, et suit les nations dans toute la durée de leur existence; la géographie politique ne connaît pas d'époques;

elle décrit les nations dans un moment donné, telles qu'elles sont à l'instant où elle les considère : ainsi la géographie dite historique, tient aux considérations de l'histoire, et tous les détails qu'on extrait de celle-ci, et dont on surcharge trop souvent les géographies, outre qu'ils sont hors d'œuvre, ne servent qu'à faire perdre à l'esprit, la vue du but qu'il doit atteindre, à fatiguer son attention, sans objet que celui, peut-être, d'une vaine curiosité qu'il pourrait satisfaire sans inconvéniens, en cherchant, où ils doivent être, les renseignemens historiques qui peuvent l'intéresser sur tel peuple ou sur telle ville.

Cependant comme l'espèce d'origine et les principaux événemens qui ont eu lieu, contribuent essentiellement à faire connaître un peuple, à établir sa différence avec tel autre; comme aussi ces renseignemens servent essentiellement à donner une idée juste d'une ville ou d'un territoire, on doit rapporter, *sommairement seulement*, l'espèce d'origine et les événemens importans qui ont modifié l'existence politique de la nation, du peuple, du territoire que l'on veut décrire. Mais il ne s'agit point, pour procurer le résultat dont il est ici question, de faire *de l'Histoire*, de raconter les circonstances de l'origine, la succession des événemens, leur cause, leur liaison; il suffit d'énoncer le fait historique qui peut servir à caractériser cette nation, ce peuple, ce territoire : on conçoit par conséquent qu'il ne peut être question que d'un fait mémorable, qui imprime caractère dans la manière d'être ou d'exister; qui montre que tel peuple est distinct d'un autre par son origine, sa race, la nation à laquelle il est soumis, comme il en diffère par la circonscription de son territoire, son mode de gouvernement, sa religion, sa langue, etc.; et, sous ce point de vue, le fait historique dont il s'agit n'appartient proprement plus à la chronologie, il est du temps présent, il est contemporain quel que soit son âge; car il impose un caractère du moment et il est géographique, c'est-à-dire descriptif. Ainsi quand je dis de Gibraltar, après avoir indiqué sa position naturelle; *ville enlevée aux Espagnols en 1704, par les Anglais, auxquels les traités d'Utrecht et de Séville en ont confirmé la possession*; quand je dis de la Belgique; *province française, cédée au royaume des Pays-Bas, par le traité de Vienne*, etc. : l'énoncé de ces faits semble devenir un caractère propre à Gibraltar, à la Belgique; il sert là plutôt à peindre leur manière d'être actuelle, que comme renseignement historique; il règle ou modifie l'idée que l'on se fait de cette ville, de cette province, dans le moment présent; mais l'historique de leur formation ou celui de l'événement qui a changé leur existence, n'ajouterait presque rien à cette idée, et ne la modifierait presque pas. On comprend que c'est le discernement, le goût de l'écrivain, dans le choix de ces sortes de caractères, qui font qu'il atteint ou dépasse la limite convenable.

La géographie politique demande à l'histoire naturelle de l'homme, une application analogue; elle énonce la race à laquelle appartient chaque nation, parce que cette race les différencie les unes des autres.

Il est à ce sujet une observation fondamentale à présenter, et d'où découlent tous les principes qui servent de base à la géographie politique. La géographie politique considère les hommes groupés en masses, c'est-à-dire en corps de nations, dans leur liaison intime avec le sol et comme formant, en quelque sorte, un tout avec lui. Ce tout offre alors de nouveaux caractères par la combinaison qui en résulte. La géographie naturelle étant soumise aux limites politiques, aux travaux des hommes et à leur présence sur le sol, offre, par cette combinaison, outre ceux qui lui sont propres, des caractères complexes et variés; de même les sociétés politiques, outre les caractères naturels de races, de langues, d'habitudes, de religion, etc., qu'elles offrent, reçoivent du sol sur lequel elles sont placées, des modifications importantes qui déterminent le plus souvent d'autres habitudes, des croisemens de races, la civilisation, les rapports des sociétés entre elles, et la plupart des institutions qui les gouvernent.

Les sociétés humaines, envisagées sous le rapport des différences naturelles qui leur sont particulières, font introduire dans la géographie politique, les caractères que l'histoire naturelle a reconnus comme les distinguant entre elles; ce n'est point comme différence individuelle qu'elle les adopte, mais comme caractérisant des masses liées au sol qu'elles habitent, et devant par là entrer dans la description de la manière d'être des sociétés politiques. Ainsi la géographie des races humaines se trouve naturellement appelée dans le cercle scientifique de la géographie politique. Elle ne raconte point cependant la formation de l'homme, ni les événemens ou les catastrophes qui ont occasionné les migrations des races; mais elle indique, dans ses généralités, les pays successivement occupés par chacune d'elle, et montre comment la surface terrestre a été successivement peuplée par les hommes. Cette considération étant tout à fait géographique, elle devient une application de cette science, lorsqu'on la reporte à l'histoire de l'homme. La géographie des races humaines doit précéder la géographie politique, comparée dans les temps anciens et le moyen âge, avec les temps modernes. Il en est de la première à la seconde, comme de la géologie pour la géographie naturelle, lorsqu'on veut suivre et comparer toutes les variations d'existence géographique d'un peuple et en expliquer les causes; car alors les variations d'existence, les catastrophes des peuples appartiennent, comme celles du sol, aux sciences historiques; mais, lorsqu'on n'envisage que les faits géographiques, tels que les circonscriptions des Etats, leurs cités, etc., à une époque quelconque, c'est une considération qui appartient toujours à la géographie, c'est une manière spéciale de l'envisager, eu égard aux temps, laquelle s'applique quelquefois à un certain ordre de choses ou bien à des considérations morales, telles sont les géographies *héroïque*, *mythologique* et *sacrée*, divisions méthodiques de la géographie ancienne, qui rentrent aussi dans le domaine de l'histoire.

Après avoir examiné dans sa partie théorique les rapports généraux et respectifs d'emplacemens, d'établissemens et d'institutions nationales qui fixent les sociétés sur le sol; après avoir considéré les limites naturelles, dans leurs rapports avec les limites de convention, ainsi que l'influence des anciennes divisions politiques sur les mœurs, les usages, les habitudes des peuples, et leur unité ou leurs distinctions nationales, etc., la géographie politique donne, dans ses généralités, l'emplacement et l'énumération des principales villes du globe, qui peuvent être considérées comme les centres d'activité des régions naturelles de chaque continent; elle trace le tableau des nations d'après leurs caractères distinctifs avec lesquels les divisions politiques sont rarement d'accord; elle montre les limites naturelles assignées à chacune de ces nations, et développe enfin toutes les idées générales de son ressort, qui s'appliquent à l'ensemble des sociétés. Cette partie de la science géographique entre ensuite dans la description de chaque Etat pour faire connaître son emplacement, ses limites, son étendue, les établissemens des hommes, leurs moyens de communication, etc., etc., enfin tout ce qui tient aux rapports directs et immédiats de la société avec le sol, c'est-à-dire à l'emplacement, aux établissemens et aux grands travaux des hommes sur ce sol.

Les autres circonstances que la géographie politique doit énumérer, vont ressortir de sa comparaison avec l'économie politique. Nous n'avons pas besoin de grands efforts pour montrer les points de contacts et les différences de ces deux sciences. Cette dernière enseigne les lois d'existence des associations humaines; elle fait connaître les conditions nécessaires pour qu'une société politique puisse s'établir, croître et prospérer;

c'est la physique de la société, c'est-à-dire le code de ses lois d'existence (1). Telle est la sphère d'attributions qui lui est assignée par la nature même des choses; vérité dont l'énoncé suffit pour la faire comprendre et en sentir la justesse comme aussi pour faire voir que tout est distinct entre ces deux sciences, puisque leur but est si opposé. Je vais cependant faire apprécier, par quelques exemples, la nature de leurs rapports.

Une des principales lois d'existence d'une société, c'est qu'il y ait un gouvernement quelconque; l'économie politique établit, prouve cette loi et expose les conditions nécessaires que ce gouvernement doit remplir eu égard aux temps, à l'étendue du territoire, aux lieux, à l'espèce d'homme, etc. La géographie politique énonce simplement le genre de ce gouvernement, parce qu'il devient alors caractère distinctif; elle expose même, d'une manière sommaire cependant, sa constitution particulière, lorsqu'elle offre des différences marquantes avec celles des gouvernemens de même nature, afin de se faire comprendre; mais elle n'examine point les effets de ce gouvernement, elle ne recherche pas les résultats divers que produisent les différences dans la constitution; elle sortirait de son domaine descriptif, en exposant ainsi des résultats, des conséquences; cette tâche est réservée à la statistique. Il en est de même pour la *religion*, la *langue*, les *monnaies*, les *poids et mesures*, et pour toutes les *institutions* administrative, judiciaire, ecclésiastique, militaire, commerciale, agricole, financière, manufacturière, scientifique ou d'instruction publique que la géographie politique mentionne dans la description de chaque état, et dont elle fait connaître les circonscriptions particulières et leurs divers degrés de juridiction.

---

(1) On doit d'autant plus s'étonner qu'on n'ait point encore envisagé l'économie politique sous son vrai jour, que tout tendait à signaler le vide existant à cet égard. Le monde a ses lois réunies en corps de doctrine; c'est la physique générale et particulière : les êtres organisés ont aussi leur code particulier d'existence; c'est l'anatomie, la physiologie animale et végétale; la chimie remplit ce but pour les êtres inorganiques : les corps politiques ont également leurs lois d'existence, et c'est vraiment le domaine de l'économie politique. On ne saurait restreindre cette science à la seule acception rétrécie de cette dénomination, LA FORMATION ET LA DISTRIBUTION DES RICHESSES. *L'économie ou la règle de la maison, de la famille*, c'est l'ordre dans toutes ses parties; le soin, la prévoyance, la surveillance de tous les intérêts communs et individuels; Οἰκονομία, l'administration, la conduite *de la maison, de la famille*; *l'économie politique* est donc la règle, la loi de l'administration, de la conduite de la grande famille ou de la société. Si l'on n'entendait pas de cette manière l'économie politique, on la restreindrait mesquinement.

L'économie politique donne pour cela des lois générales qui ne s'appliquent à aucun Etat en particulier, mais à toutes les sociétés en général, en faisant cependant la part des modifications que la nature a déterminées. Elle établit quelles sont les institutions nécessaires pour qu'un Etat existe et prospère; elle en détermine même l'organisation fondamentale par des préceptes généraux. La géographie politique mentionne simplement ce qui existe, indique l'espèce de religion, de langue, de poids et mesures, de monnaies en usage, et cite les institutions en vigueur, sans chercher, par une application des lois de l'économie politique, à juger ces institutions, et sans en constater les résultats généraux, chose réservée à la statistique. Elle ne fait point non plus l'historique de l'établissement de ces institutions; mais elle les décrit sommairement lorsqu'on ne peut en prendre une idée par un simple énoncé.

Chacune des institutions sociales dont nous venons de faire l'énumération, peut réclamer une application spéciale de la géographie naturelle et politique, dans laquelle les faits particuliers qui les intéressent spécialement, sont choisis de préférence, et reçoivent un développement convenable à l'utilité des individus des différens services publics qui les réclament. Ces applications importantes, trop négligées jusqu'à présent, contribueraient efficacement aux succès des institutions qui font la force, la richesse ou la gloire des Etats.

La géographie politique indique aussi le caractère, les mœurs, les usages des peuples, mais à grands traits seulement, pour faire juger leurs différences. Elle mentionne les personnages célèbres, les monumens de l'histoire, des sciences et des arts, les choses remarquables, naturelles ou politiques; mais tout cela dans le but de distinguer les peuples entre eux, comme aussi leurs divers territoires et les cités entre elles, ou pour signaler telle ou telle partie du sol célèbre par une grande bataille, ou un fait d'arme mémorable, et toujours dans l'esprit dont nous cherchons à donner l'idée; c'est-à-dire par une simple mention, sans descriptions détaillées, sans narrations historiques, sans analyse des résultats.

Voilà le but, la marche de la géographie politique, les limites qui la séparent de l'histoire et de l'économie politique, et enfin l'esprit dans lequel elle doit être traitée pour ne point dépasser ses limites naturelles.

Il est facile de sentir, d'après cela, que sa sphère est encore assez étendue et qu'elle ne sera point dépouillée de tout intérêt. En la limitant ainsi, on l'établit sur ses véritables bases, et cela sans rien enlever à la statistique, comme nous allons le voir. Ces limites doivent sans doute satisfaire les défenseurs raisonnables de la géographie politique, qui trouveront ces bases assez larges; et rassurer les esprits prévenus qui pensent qu'on ne peut circonscrire une de ces deux sciences, qu'au dépend de l'autre.

Cette opinion vient de ce qu'on est généralement dans l'ignorance sur la nature, l'objet et la marche de la statistique; et cela par la bonne raison qu'on n'a point approfondi sa théorie. On n'a point assez généralement cherché à s'éclairer de bonne foi à ce sujet; on a mieux aimé suivre la routine, et composer, sans savoir ce qu'on faisait ni ce qu'on voulait faire, de nombreux volumes, en accumulant de monstrueuses séries de faits, presque toujours équivoques, quant aux résultats numériques, et presque toujours inutiles, parce qu'ils n'étaient pas recueillis et présentés dans un but bien déterminé. Voilà ce qui a discrédité la statistique chez tous les bons esprits. Cependant, si l'on eût examiné les sciences où la statistique prend ses élémens, sous le rapport de leur but et de leur marche; si l'on eût nettement déterminé le but et les limites de la géographie et de l'économie politique; si enfin on eût voulu s'éclairer, pour cette investigation, des lumières que l'esprit de critique et d'analyse répandait sur les autres sciences, on aurait depuis long-temps résolu le problème, replacé la statistique sur ses véritables bases, et montré aux gouvernemens, comme aux individus, le parti qu'ils en pouvaient tirer, l'opinion qu'ils devaient avoir sur la rigueur suffisante des résultats qu'elle pouvait offrir, comme aussi sur la manière d'utiliser ceux-ci et d'en obtenir d'immenses ressources.

Plusieurs savans ont cependant, à diverses époques, aperçu la véritable théorie de la statistique; et en dernier lieu le programme publié par l'Institut, pour le concours au prix de cette science, renferme, de la manière la plus lumineuse et la moins équivoque, l'esprit dans lequel on doit l'envisager.

Nous allons chercher à éclairer de nouveau ce sujet : en parlant de la statistique, nous montrerons combien elle diffère de la géographie et de l'économie politique, et nous complèterons ainsi, à l'égard de la première, la série des différences qui la distinguent de toutes les autres connaissances qui ont, avec elle, des rapports plus ou moins rapprochés.

La géographie politique est sœur de l'histoire et de l'économie politique; elle n'est à l'égard de la statistique qu'une des nombreuses sources où celle-ci puise son existence. Dans l'examen que nous venons de faire des sciences, pour analyser et découvrir leurs rapports et leurs différences avec la géographie, nous avons reconnu que les unes sont simplement historiques, telles que la *Géologie* ou *Géogonie*, qui donne l'histoire du globe, et *l'Histoire* proprement dite, qui donne celle des sociétés. Les autres sont purement descriptives, comme la *Géographie* et *l'Histoire naturelle* ou *Ontographie*. Enfin les troisièmes sont analytiques et législatives; elles donnent les lois d'existences; telles sont la *Physique générale* et *particulière*, *l'Ontonomie*, *l'Astronomie* et *l'Economie politique*.

Leurs caractères, leur marche, leur but, sont par conséquent parfaitement distincts et nettement limités par la nature même des choses. On ne peut, on ne doit rien leur demander au-delà de leurs sphères respectives. Si l'on y place d'autres considérations, des faits étrangers à leurs attributions, on détruit l'harmonie, l'enchaînement des rapports, on détourne ces sciences du but qu'elles doivent atteindre, on éteint les lumières, les conséquences qu'elles doivent produire.

Cependant il est un but important pour les sociétés, important pour les gouvernemens comme pour les individus, qui ne se trouve rempli par aucune de ces sciences. Ce but, c'est celui de *connaître la situation générale et respective des sociétés, pour juger comparativement la force, les ressources de tout genre, la richesse, la gloire, la prospérité, la puissance en un mot des nations entre elles*; but, comme on le voit, d'une haute importance à atteindre, pour diriger la conduite réciproque des gouvernemens entre eux et même celle de leurs membres, dans tous les genres de relations qu'ils peuvent avoir les uns avec les autres.

Dès-lors que ce but n'est rempli par aucune des sciences que nous avons analysées, il doit donc être l'apanage d'une autre science. En effet, celle qui est chargée de réunir les élémens de diverses natures, qui doivent composer cette *situation*, est celle qu'on a nommée *Statistique* (1).

Il est facile de conclure de tout ce qui a été dit, qu'aucune des sciences dont nous venons de faire l'analyse ne peut, prise isolément, offrir les élémens de cette situation, et remplir ainsi le but de la statistique, puisque chacune d'elles ne fournit que des élémens d'une seule et même nature; chacune d'elles ayant un but distinct, spécial, direct et positif dans

---

(1) Elle peut être ainsi définie : *Science qui fait connaître la situation générale et respective des nations, par les résultats de l'examen de tous leurs élémens d'existence.*

son application, soit à l'histoire du globe ou des hommes, soit à la description de la terre et de ses divisions politiques, et à celle des êtres vivans ou inanimés, ou bien à la connaissance des lois qui régissent les uns et les autres.

Il est clair que c'est, au contraire, la réunion des élémens divers fournis par chacune de ces sciences, qui peut procurer cette situation. En effet l'homme, pour la conservation et la félicité de son existence privée, ou la prospérité de son existence nationale, choses que la *situation* a pour but de faire connaître, est dans une dépendance générale, 1° des circonstances géologiques ou géographiques dans lesquelles il se trouve placé, et des ressources naturelles que lui offre le sol qu'il habite (circonstances d'où naissent toutes *les considérations d'emplacemens et de ressources naturelles*); 2° des circonstances qui ont donné naissance à la société dont il fait partie, à la manière d'être de celle-ci et aux lois qui en règlent l'existence (circonstances desquelles proviennent toutes les considérations *d'établissemens politiques et de résultats industriels*). C'est donc dans l'examen de ces deux ordres distincts de considérations qu'on peut puiser une idée juste des circonstances plus ou moins avantageuses ou défavorables, où, l'homme individuellement ou la société dont il fait partie, prise en total, se trouvent placés.

Pourrait-on parvenir à ce but, en examinant isolément telle ou telle de ces circonstances? On voit qu'on n'aurait qu'une partie de la situation cherchée. D'ailleurs, outre les circonstances immédiates dont les diverses sciences historiques, descriptives et législatives, vous procurent la connaissance sur les divers états du globe, par les résultats directs qu'elles présentent, la situation dont il s'agit se compose encore, comme il est facile de le voir, d'une infinité d'autres circonstances qui ne dérivent pas immédiatement des résultats que présentent ces sciences, mais qui proviennent des rapports qu'elles ont entre elles, de leur influence réciproque, des applications nombreuses et variées que l'homme a fait des unes et des autres; circonstances nées d'une combinaison qui n'appartient à aucune de ces sciences en particulier; qui leur est commune à toutes et dont, par conséquent, il n'appartient à aucune d'apprécier les résultats; résultats qui donnent, presque à eux seuls, le tableau de l'industrie, de la civilisation d'une nation, et qui ont encore besoin, très-souvent, d'être analysés et examinés sous toutes leurs faces, afin de les faire parfaitement apprécier, et que la *situation* cherchée puisse parfaitement se comparer à celle de telle ou telle autre nation.

J'en ai dit assez pour prouver la différence considérable qui existe entre la statistique et toutes les sciences dont nous avons parlé; elle leur doit à la vérité son existence; elle tire ses élémens de chacune d'elles, en particulier, ou des rapports mutuels qui s'établissent entre elles; mais elle ne dépend spécialement d'aucune, et s'il est une chose dont on doive s'étonner, c'est de voir qu'on ait pu la confondre avec la géographie politique, être embarrassé d'en distinguer les limites, et, dans cet étrange embarras, accumuler les choses les plus disparates, violenter la raison et le sens commun, en réunissant ou séparant des matières qu'on jugeait devoir être réunies ou séparées, mais dont la disposition était commandée, parce que ne comprenant ni la géographie politique ni la statistique, on ne savait qu'en faire. Ainsi les Allemands ont mis toute la géographie politique dans la statistique, et les Français, celle-ci dans la première, en omettant, comme cela devait arriver, une foule de considérations qui ne pouvaient s'apercevoir qu'en comprenant parfaitement le but vrai de l'une et de l'autre.

Si l'on comprend bien celui de la statistique, on ne cherchera point à confondre les faits, les considérations dont elle se compose, avec ceux de la géographie politique : on pourrait, à tout aussi bon droit, les intercaller dans l'histoire, dans l'économie politique, et même dans l'histoire naturelle ou la chimie; on peut selon son caprice noyer cette science dans l'une ou l'autre des sources où elle prend la vie : il n'y a presqu'aucun motif de préférence. Ce serait broyer une couleur habilement composée de beaucoup d'autres, et qu'on peut employer aux plus riches compositions, avec une de celles qui servirent à la créer : on n'aurait plus ni l'une ni l'autre ; détruites par l'amalgame, la combinaison qui en résulterait resterait inutile, comme ces couleurs fausses que le peintre rejette de sa palette.

D'ailleurs, comme nous l'avons déjà observé, telles ou telles considérations du domaine de la statistique ne donnant point la *situation*, qui est l'objet que cette science se propose; c'est l'ensemble de toutes les considérations qu'elle embrasse, disposées d'une manière convenable, éclairées, soutenues les unes par les autres, qui la fournit.

En supposant qu'on introduisît dans la géographie politique, telles ou telles de ces considérations, on ne procurerait donc point la situation nécessaire; on couperait seulement la marche de la géographie politique; on accidenterait la route qu'il faut rendre au contraire uniforme pour que l'esprit aperçoive toujours le but où il veut arriver.

Ainsi, ou les considérations de statistique sont inutiles lorsqu'elles sont isolées, pour atteindre entièrement le but que cette science se propose; et alors il ne faut pas en introduire dans la géographie politique, dont elles gênent la marche; ou bien elles sont utiles lorsqu'on ne les sépare pas, et procurent alors le résultat cherché : et dans ce cas, il faut les présenter dans l'ordre qui leur convient, et comme le complément des connaissances sur lesquelles la statistique repose.

La statistique puise dans la *Géologie*, des motifs de considérations intéressantes, en examinant les circonstances particulières que l'époque, la nature de la formation ont déterminées, et qui, en caractérisant la contrée dont on s'occupe, ont modifié l'aspect du sol, la nature de ses produits, et par suite l'existence des peuples.

Elle analyse les faits que lui fournit la *Géographie naturelle* pour en obtenir des résultats et des conséquences, sur l'état de la société ou des individus en particulier; ainsi elle observe et décrit les propriétés du climat, détermine leur influence, en recherche les causes, en énumère les résultats; elle examine la nature, la direction, l'usage des eaux, les résultats qu'on en obtient, et apprécie ceux-ci à leur juste valeur; elle observe et décrit la configuration, l'aspect, l'étendue, la position relative du territoire dans tous ses rapports avec la nation ou celles qui l'avoisinent; l'hygiène du sol, sa fertilité; les variétés d'exposition, de nature, de moyens qu'il peut offrir pour les besoins, la prospérité des habitans.

L'Histoire naturelle lui fournit toutes les considérations de ressources premières, tirées soit des animaux, des végétaux ou des minéraux, dans leur état brut ou naturel; elle examine l'état de ses ressources, leur influence sur le bonheur ou la richesse des peuples, par des évaluations, des résultats numériques, etc.

Elle observe et décrit les qualités physiques et morales des hommes; les ressources que ces qualités leur procurent, etc.

L'Histoire lui donne des sujets de considérations importantes, par l'influence des origines et des événemens mémorables, sur l'état de la nation.

Sans doute la statistique doit beaucoup à la géographie politique, mais elle ne lui doit pas toutes les considérations dont elle s'occupe. Elle analyse les faits que celle-ci énonce seulement; elle en cherche les résultats généraux, elle déduit les conséquences de ceux-ci pour l'homme et la société. Ainsi la géographie politique donne les limites de la société, tandis que la statistique analyse leur influence sur l'état de la nation, et en constate les résultats.

La statistique envisage l'origine, la nature, l'état de la langue, des dialectes, des patois, des caractères alphabétiques, de la poésie, de la musique, de la peinture, etc.; apprécie, constate leur influence, leurs résultats.

Elle énumère la population et en distingue les différentes parties sous les rapports du sexe, de l'âge, de l'état de mariage, et de la condition ou profession.

Elle indique l'état des routes, des canaux, des ports, et apprécie leur importance; elle offre les résultats de l'administration des secours publics, des prisons et des hôpitaux, et mentionne le nombre d'individus de différens genres qui y ont pris part, pour faire juger l'état moral et la prospérité de la société.

Elle mentionne les établissemens de l'instruction publique et l'état de cette instruction; elle décrit les monumens de l'histoire et des arts, pour faire apprécier la nation sous ce rapport.

Enfin elle recherche et constate tous les effets généraux des institutions des hommes, choses dont la géographie politique ne peut et ne doit pas s'occuper, comme cela se conçoit aisément.

L'économie politique lui fournit les motifs des considérations les plus importantes pour apprécier la richesse et la prospérité d'un Etat; considérations qui n'ont certes rien de commun avec la géographie politique, qui ne décrit point l'agriculture, l'industrie d'une nation. Aussi la statistique donne-t-elle les résultats cadastraux, le produit des divers impôts, la dette publique, les dépenses de l'Etat, etc.

Elle montre la situation, les progrès de l'agriculture et de l'économie rurale, de l'industrie et du commerce, elle en fait connaître les procédés, les établissemens et les produits; elle constate la valeur de ceux-ci et leur perfection relative; elle établit la consommation intérieure et la balance du commerce d'importation et d'exportation.

La statistique détermine dans ses résultats généraux, les seules bases possibles de tous les impôts indirects ou fonciers.

Enfin elle recherche et constate tous les élémens de force, de ressources, de richesses, de gloire et de prospérité des nations, pour faire apprécier leur puissance respective.

Il est facile de juger, d'après cet exposé sommaire, que la statistique ne fournit pas seulement des tableaux de chiffres, et qu'elle offre une partie narrative fort étendue, très-intéressante, soit lorsqu'elle décrit ou analyse, soit lorsqu'elle peint les mœurs, les usages, les progrès, l'état moral ou physique des hommes ou des choses, ou bien qu'elle indique les effets généraux des institutions, et les conséquences de touts les faits qu'elle envisage.

Les attributions, les limites, la marche, le but de cette science, l'esprit dans lequel les faits dont elle se compose, doivent être recueillis et présentés, nous semblent actuellement bien établis, et les importantes applications qu'on en peut faire doivent naturellement se présenter à l'esprit; on sentira sans effort combien un traité général et méthodique, conçu d'après les principes que nous avons développés, et sagement ordonné et circonscrit, serait un beau présent à faire aux peuples comme à leurs gouvernemens, et combien, si l'on eût compris la statistique, il eût été plus facile de le composer. Ce traité ne ressemblerait assurément pas aux nombreux ouvrages, soit généraux soit particuliers, que nous avons sur cette science.

En effet, un ouvrage qui présenterait, dans ses généralités, le tableau statistique des grandes régions naturelles du globe; qui ensuite offrirait la situation respective de chacune des sociétés politiques qui s'y trouvent comprises; où la partie narrative de chacune de ces situations serait accompagnée de tableaux synoptiques où tous les résultats numériques seraient présentés dans un ordre convenable, tableaux qui sont pour la statistique ce que les cartes sont pour la géographie; un tel ouvrage, dis-je, serait aussi neuf qu'il serait important et utile. Des topographies statistiques conçues sur le même plan, deviendraient le flambeau de l'homme de guerre et le salut des peuples et des armées.

Mais pour asseoir, à ce sujet, mes assertions d'une manière inébranlable, il est important que je réponde à une objection très-forte en apparence, ou qui du moins a acquis sur les esprits, le crédit d'une vérité démontrée. C'est l'inutilité des résultats statistiques, provenant d'une part de l'impossibilité d'en obtenir d'exacts, et en second lieu, de la variation que ces résultats éprouvent d'une année à l'autre. Si cette objection était absolument vraie, elle anéantirait la statistique et il y aurait folie à s'en occuper; mais heureusement cette objection provient de ce qu'on n'a pas apprécié suffisamment le but de cette science, et qu'on n'a pas déterminé la relation suffisante, mais nécessaire, qui devait exister entre les moyens à employer et les résultats qu'on voulait obtenir.

Je répondrai d'abord à la seconde partie de cette objection; et pour la résoudre plus facilement et avec plus de poids, je rapporterai la solution même qu'en donne l'Académie des Sciences, dans le programme que j'ai cité tout à l'heure. J'observerai, en passant, que le prix annuel que décerne ce corps célèbre, ne montre pas qu'il considère la statistique comme un roman, puisqu'il l'encourage par un concours général et par un triomphe public.

« Les richesses d'un Etat, dit ce programme, sa population, les usages » publics, les arts, enfin presque tous les objets que la statistique con- » sidère et qu'elle décrit, à une certaine époque, peuvent subir des chan- » gemens très-sensibles, dans l'intervalle de quelques années, en sorte » qu'il paraîtrait nécessaire de renouveler sans cesse, les premières re- » cherches; mais on doit faire à ce sujet une remarque importante. La » plupart de ces élémens variables, conservent entre eux une relation » que l'expérience a fait connaître, et qui subsiste toujours, ou du moins » pendant un laps de temps considérable. On est parvenu à distinguer, » dans plusieurs cas, ceux des élémens qu'il suffit d'observer chaque » année pour déterminer les autres, avec une approximation suffisante. » Cette remarque est très-générale, et constitue un des principes de la » statistique. Elle sert à vérifier les résultats; elle dispense de renouveler » fréquemment les recensemens généraux, les énumérations, les descrip- » tions complètes, et perpétue, en quelque sorte, l'utilité de ces premiers » travaux. »

Ces observations mettent sur la voie d'une réponse victorieuse, à la première partie de la terrible objection qui nous occupe; objection dont l'effet a été tellement funeste, qu'elle a suffi pour faire abandonner en différens temps, et par différens gouvernemens, la statistique, comme une science vaine et sans application utile. Cependant une simple réflexion sur ces applications, aurait suffi pour empêcher cet abandon.

En effet, il eût suffi de considérer que dans aucun cas possible ou présumable, il ne peut être nécessaire d'employer des données statistiques d'une exactitude absolument rigoureuse dans toute la valeur du mot. Il n'en est point ici comme dans les calculs numériques où les résultats s'obtiennent toujours par la combinaison de nombres connus et invariables. Lorsque d'ailleurs on applique ceux-ci à la distance ou aux volumes des corps célestes, on est loin d'obtenir des résultats d'une rigueur absolue; cependant ces résultats suffisent à l'explication de tous les phénomènes, et donnent la possibilité de calculer les rapports de position de ces corps, minute par minute. Il en est de même en statistique; comme toutes les applications intéressantes de cette science, ont toujours lieu par rapport à une réunion plus ou moins grande d'individus ou d'élémens de diverses natures, qui tous sont extrêmement variables dans les circonstances de leur manière d'être, les calculs qu'on leur applique ne peuvent, dans aucune supposition possible, être rigoureusement justes; et il suffit que les bases de ces calculs soient approximatives pour que ces calculs aient toute la justesse désirable. Ne serait-ce pas une folie, par exemple, de vouloir absolument connaître la quantité de pain, à une livre près, qui se consomme annuellement à Paris, pour assurer l'approvisionnement de cette place ? Ne serait-ce point une absurdité de vouloir connaître à un boisseau de blé près, les ressources en ce genre que peut fournir une province où l'on veut porter la guerre, pour asseoir les opérations d'une campagne ? Mais ne suffirait-il point de connaître approximativement ces ressources pour pouvoir préjuger le temps que les troupes pourront y vivre, sans enlever aux habitans le nécessaire, jusqu'à la prochaine récolte ? Il en est de même de toutes les autres applications de la statistique ; si l'on eût considéré les résultats numériques qu'elle offre ou qu'elle peut offrir avec une approximation suffisante, *comme des termes moyens entre deux extrêmes introuvables*, on aurait reconnu la valeur suffisante des données que peut fournir cette science. Il existe déjà une nombreuse série des termes moyens, dont il est question, déterminés avec toute la rigueur désirable ; un bien plus grand nombre reste encore à chercher : c'est leur réunion dans un ordre convenable, et présentée en tableaux synoptiques, qui peut fournir aux hommes d'Etat et de guerre, tant de moyens précieux pour calculer leurs opérations les plus délicates, et pour les voir couronnées du succès.

Après avoir fixé les idées sur l'ensemble et les rapports de la géographie et de la statistique, nous traiterons dans un prochain Mémoire, de l'application de ces sciences à l'art militaire. Il m'a paru utile et convenable, même absolument nécessaire de rappeler des principes que j'avais déjà exposés, mais qui, présentés d'une autre manière, seront peut-être mieux appréciés ; car, s'il est important d'apprendre, d'étudier, encore faut-il commencer par savoir ce qu'on apprend, ce qu'on étudie : et si les personnes qui s'occupent de l'enseignement aspirent à obtenir des résultats, elles doivent commencer par fixer nettement les idées à cet égard, s'astreindre à ne point sortir hors de propos, de la sphère des sciences qu'elles professent, et à présenter les matières dans l'ordre et la place que la nature même des choses assigne à chacune d'elles.

FIN.

PLAN SOMMAIRE
D'UN TRAITÉ DE GÉOGRAPHIE ET DE STATISTIQUE,

A L'USAGE

DES OFFICIERS DES ÉTATS-MAJORS DE L'ARMÉE.

PLAN SOMMAIRE

D'UN TRAITÉ DE GÉOGRAPHIE

ET DE STATISTIQUE,

CONSIDÉRÉES SOUS LES RAPPORTS MILITAIRES.

INTRODUCTION.

CHARGÉS d'une partie importante de l'instruction des élèves de L'ECOLE D'APPLICATION DU CORPS ROYAL D'ÉTAT-MAJOR, du cours de Géographie et de Statistique militaires, nous avons pensé qu'après avoir fait nos efforts pour poser les bases de la doctrine dans ces sciences (1), il serait utile de chercher quel doit être le plan le plus avantageux pour un ouvrage méthodique, où les élèves de cette Ecole puissent trouver les développemens nécessaires, dans lesquels il n'est pas possible d'entrer dans un cours, et le recueil complet des connaissances dont ils auront à faire, dans toute la suite de leur carrière, les plus utiles applications.

L'importance des études géographiques et statistiques, pour diriger toutes les opérations militaires, est depuis long-temps reconnue. En effet, si l'on admet que l'on doit avoir, pour baser ces opérations, une parfaite connaissance du sol sur lequel on doit agir, on ne saurait méconnaître la nécessité d'étudier également les ressources qu'il peut offrir pour les besoins des armées. Il y a plus, toute l'adminis-

(1) *Voyez* le Mémoire précédent; voyez aussi : *De la nécessité de fixer et d'adopter un corps de doctrine pour la Géographie et la Statistique, avec un Essai Systématique sur cet objet*, etc. A Paris, 1819, chez Anselin et Pochard, et chez Arthus-Bertrand.

tration militaire repose sur ces connaissances, ou, pour mieux dire, il ne peut y avoir d'administration sans elles. L'armée devient, en leur absence, une horde de barbares, prenant où elle trouve, et dévastant sans prévoyance du lendemain.

Ce sont ces vérités qui ont fait sentir la nécessité de donner aux officiers de l'armée, une instruction plus étendue et plus méthodique que celle qu'ils avaient reçue jusqu'alors sur la géographie et la statistique; et il est évident que c'est surtout pour les officiers du Corps royal d'Etat-major que cette instruction doit être plus complète et plus approfondie, la nature de leurs fonctions les appelant à en faire l'usage le plus habituel.

Il n'y a jamais eu de Cours de Statistique en France; la Géographie n'y a jamais été enseignée avec la rectitude de méthode et l'étendue de vue qu'elle doit comporter. Son enseignement dans les Universités, est très-récent; et jusqu'alors elle était presque réduite, pour l'ensemble de la société, au zèle des mères de familles ou à la routine de quelques professeurs. La première de ces sciences est tombée dans un discrédit presque total, après avoir été l'occupation la plus grave et la plus recommandée par le gouvernement impérial, sauf la conscription. Dépourvue de considération chez le vulgaire, et de cette opinion d'importance qui donne du crédit aux autres sciences, cette situation est un obstacle puissant contre lequel les ouvrages des Savans les plus recommandables ne pourraient lutter victorieusement, qu'autant qu'ils seraient soutenus par l'attention et l'intérêt du gouvernement. Mais ce qu'on peut sûrement prévoir, c'est que la géographie et la statistique, par l'influence seule du mode de gouvernement qui nous régit aujourd'hui, deviendront peut-être, avant peu, ainsi que l'économie politique, les sciences qui fixeront, d'une manière plus particulière, l'attention de la société éveillée par les intérêts de toutes les classes d'individus.

Après les obstacles que nous venons de signaler et qui tiennent à la société elle-même, il en est d'autres qui viennent de l'état de ces sciences : sans doctrines, sans limites fixes, sans marche assurée, elles ne laissent point encore apercevoir à tous les yeux ni d'une manière assez distincte, leurs divers buts d'utilité et l'importance de leurs applications; on croit même à l'impossibilité de tirer aucun fruit de la statistique. Quant à la géographie, la partie fondamentale de cette science, la géographie physique, est encore à créer : il faut la sortir des ouvrages des naturalistes, des géologues et des géographes. L'application de cette science à notre métier, la géographie militaire, est aussi dans le même cas; il n'existe aucun Traité sur cette manière spéciale de considérer la géographie, et il faut l'extraire de tous les Mémoires militaires connus : d'ailleurs, par la nature même des sciences dont il s'agit, une foule de choses ne sont point susceptibles d'une exposition verbale, ou ne pourraient être ainsi présentées avec fruit pour les élèves; et lorsque nul ouvrage ne peut servir convenablement à l'étude, ce qu'on leur débite est et doit être presque perdu pour eux.

D'après toutes ces considérations, nous avons cru, que si l'on voulait arriver à une instruction solide, utiliser, aussitôt que possible, la chaire qui nous est confiée, et donner aux officiers d'état-major un corps de doctrine et un ensemble de faits où ils puissent retrouver les données qui leur sont nécessaires, il était essentiel de leur procurer un ouvrage général qui serait une sorte de développement du programme arrêté pour les cours dont nous sommes chargés à l'Ecole d'état-major. La première chose à faire, dans cette hypothèse, était de présenter le plan de ce traité, afin de le soumettre à l'examen et à la critique des juges éclairés qui, par leur position, sont les plus intéressés à la prospérité du corps royal d'état-major, soit par la part qu'ils ont prise à sa création, soit par la protection qu'ils lui accordent, ou enfin par la place qu'ils y occupent.

Trois années d'expérience ayant pu nous faire acquérir, jusqu'à un certain point, la mesure de ce qui est utile ou superflu dans un semblable travail, ainsi que des notions justes sur la manière la plus convenable de présenter les faits pour obtenir des résultats satisfaisans, nous avons lieu d'espérer qu'on ne croira point que notre plan est conçu au hasard.

Nous avons fait sentir, depuis long-temps déjà, l'utilité qu'il y aurait à faire suivre la description statistique des divers Etats, par des tableaux synoptiques analogues aux cartes géographiques, où toutes les nomenclatures des ressources, les dénombremens de la population, et les résultats numériques des produits naturels, industriels, commerciaux ou agricoles se trouveraient réunis. Ces tableaux seraient précieux dans l'application à la guerre, ainsi que la partie descriptive qui devrait les précéder et qui comprendrait toutes les notions utiles qui ne peuvent être présentées d'une manière synoptique.

Le but du Traité dont nous offrons le plan méthodique est, comme nous l'avons indiqué, de procurer aux élèves de l'Ecole d'Application du corps royal d'état-major, *en particulier*, un ouvrage où ils puissent trouver les développemens, les preuves, les détails utiles, dans lesquels le professeur ne peut entrer dans son cours, et d'offrir aux officiers des états-majors de l'armée, *en général*, un recueil complet de tous les renseignemens dont ils peuvent avoir besoin à la guerre.

Tel fut le motif du projet que nous eûmes l'honneur de présenter à Messieurs les généraux Desprez et Evain, et ensuite à S. Ex. le Ministre de la Guerre, projet provoqué par la demande que S. Ex. voulut bien nous faire, dans sa lettre du 26 octobre 1818.

On concevra facilement que l'ouvrage dont il est question ne peut être confondu avec la rédaction du cours dont nous sommes chargés. Cette rédaction ne peut être autre chose que la collection écrite de nos leçons, et c'est précisément pour suppléer à l'insuffisance des aperçus ou des faits généraux qui peuvent seuls être présentés dans notre cours, que nous proposons l'ouvrage dont il s'agit. Car ce cours, très-étendu par l'abondance des matières qu'il renferme, est nécessairement fort rétréci par le nombre des leçons qu'il est possible de lui consacrer, et d'ailleurs les détails utiles pour l'application seraient absolument perdus pour les élèves, si, dans l'occasion, ils ne les retrouvaient réunis à leur place respective, pour suppléer à l'insuffisance de leur mémoire.

Dans le plan de l'ouvrage proposé, on doit sentir qu'il est impossible de préciser d'avance les détails de chacune de ses parties : on ne peut qu'indiquer l'esprit dans lequel cet ouvrage doit être conçu et le mode général qui paraît le plus convenable pour son exécution. Le travail définitif en étendant les vues et rectifiant les idées, peut faire varier le nombre et l'ordonnance des chapitres ; mais le programme que nous offrons servira suffisamment aux esprits méthodiques et habitués à traiter les sciences, pour asseoir leur opinion.

On observera qu'on suppose aux officiers pour lesquels ce Traité est destiné, les notions élémentaires de géographie de M. Le Throne.

Les diverses parties dont se compose ce programme, formeront un seul corps d'ouvrage, par la manière dont ces parties sont ordonnées et s'enchaînent. On croit pouvoir resserrer toutes les matières à traiter dans 4 vol. in-8°, accompagnés d'un atlas.

L'expérience que nous avons pu acquérir sur l'ensemble des sciences dont notre cours est l'objet, et sur les développemens nécessaires à leur donner dans l'ouvrage dont il s'agit, pour remplir le but que nous nous sommes proposé, nous a convaincus de la nécessité d'adopter les bases suivantes pour l'ordre, la liaison, l'enchaînement des faits et la graduation nécessaire dans leur exposition, ainsi que pour l'étendue relative qu'il convient ou qu'il est possible de donner à chacune des parties de cet ouvrage.

Ces bases sont :

1° Le développement suffisant des notions de cosmographie et d'astronomie, comme étant une introduction indispensable à la géographie, introduction pour laquelle on ne peut renvoyer aux divers traités spéciaux sur ces sciences, mais qu'il faut adapter au but particulier qu'on se propose.

2° L'exposé sommaire des connaissances géologiques, introduction également indispensable à l'étude de la géographie physique du globe, et qui donne de nombreux moyens pour juger les formes extérieures du terrain, et l'apprécier sous divers points de vue statistiques.

3° Un exposé rapide et comparatif des productions de tous genres, utiles ou remarquables, qui distinguent les diverses régions du globe : un tableau analytique de l'établissement et de la distribution des races humaines, subdivisées en corps de nation, de manière à faire connaître la terre sous les points de vue de l'économie sociale, et à présenter les grands résultats de l'observation qui sont la base de toutes les connaissances statistiques.

4° Un exposé sommaire des principes de l'économie politique, ou des lois qui déterminent et assurent l'existence et la prospérité des associations humaines, afin de montrer aux militaires que la guerre appelle momentanément à l'administration des peuples conquis, ou seulement à ceux auxquels elle donne pour quelque temps le pouvoir de la force, l'ensemble des bases fondamentales qu'ils doivent respecter et faire respecter tant pour la dignité de leur patrie, que dans leur propre intérêt et celui des hommes qu'ils commandent ; afin aussi d'indiquer aux uns et aux autres les dangers de certaines mesures, les avantages de telles autres, par le tableau des principes de conservation communs à toutes les nations, et celui des règles honorables et utilement influentes que le pouvoir doit suivre pour assurer la prospérité des sociétés. Les principes de l'économie politique telle que nous la concevons, exposés aux élèves du corps royal d'état-major dès leur début, et retracés aux chefs de tous les grades, dans un ouvrage d'une utilité journalière, produiront sans doute des résultats avantageux dans les circonstances où l'homme est le plus porté à oublier les droits de l'humanité en général, et ceux des nations en particulier.

5° Le développement très-étendu de la *Géographie mathématique* ou théorie de la mesure de la terre, et de la représentation du globe ou de ses parties par des cartes.

Un court exposé des principes de la *Géographie critique*, ou théorie de la construction ou de la correction des cartes au moyen d'itinéraires ou de renseignemens, l'application pouvant en être souvent utile à la guerre pour coordonner les données géographiques, sur un pays qu'on ne connaît pas parfaitement.

Ces diverses parties formeront, pour ainsi dire, des traités séparés, et serviront d'introductions ou de complémens nécessaires à l'étude de la géographie narrative.

Sans doute l'étude de la géographie et de la statistique nécessitent encore d'autres connaissances premières; les notions même que nous indiquons, supposent elles-mêmes de premiers élémens, tels, par exemple, qu'une connaissance suffisante des mathématiques; mais nous observerons que nous destinons cet ouvrage aux officiers du corps d'état-major, qui tous arrivent ou doivent arriver à l'école de ce corps, avec les connaissances que nous supposons.

6° La nécessité de développer, en premier lieu, toutes les considérations générales et d'ensemble sur la totalité du globe, de montrer dès le principe tous les faits généraux, afin de poser les bases sur lesquelles viennent se rattacher les faits particuliers, force à séparer, en deux parties, la géographie narrative.

La première doit être consacrée aux considérations générales et d'ensemble;

La deuxième doit présenter les considérations spéciales, ou la description des sociétés politiques.

Au moyen de cette division, l'esprit saisit d'abord les idées d'ensemble dont il aurait été détourné à chaque pas, par la description spéciale des divers Etats, but définitif de la géographie. Il acquiert des bases certaines pour coordonner ses idées et rattacher les faits particuliers aux faits généraux, comme à des points de départ qui seuls peuvent lui en donner l'intelligence; mais, en résumé, ce sont les faits particuliers dont on fait la plus fréquente application; c'est donc la connaissance des divers Etats qui forme le but direct de celui qui étudie la géographie. Cependant cette connaissance des divers Etats est elle-même d'une application moins commune, moins habituelle à la guerre que celle des localités : ce seraient alors des chorographies ou des topographies qui deviendraient nécessaires; mais dans l'impossibilité de réunir et de présenter une suite de semblables descriptions de détails, les géographies des Etats doivent être ordonnées de manière à servir de canevas sur lesquels les topographies particulières de telle ou telle de leurs parties puissent se rattacher par des points distinctifs et connus qui fassent à l'instant saisir tous les rapports utiles et la concordance des détails topographiques avec les grands accidens du sol, indiqués dans la description générale. Ce doit être un réseau dont les nœuds de chaque maille, déterminés d'avance, permettent de prendre et de considérer à part telle ou telle de ces mailles, sans jamais perdre de vue les nœuds qui la lient à l'ensemble du réseau. La considération détaillée de chacune de ces mailles forme alors, à la guerre, le but des *reconnaissances militaires*.

Les idées générales, les descriptions géographiques des Etats en un mot, sont donc utiles et même indispensables : d'abord parce qu'il est impossible de donner des descriptions topographiques : ensuite parce qu'elles offrent, lorsqu'elles sont ordonnées, comme nous venons de le dire, les plus grands avantages à l'officier général qui a besoin d'être plus particulièrement instruit des détails de telle ou telle partie, au moyen d'une reconnaissance militaire; car, alors, cet officier général peut d'avance déterminer les limites les plus utiles du pays à observer, soit par rapport à ses défenses naturelles, à ses débouchés, à ses limites politiques, aux grands cours d'eau qui le traversent, etc., et que cet encadrement, connu dès le principe par l'officier chargé de cette mission, évite tout le vague et l'incertain dans son rapport, et lui commande même des considérations du plus grand intérêt.

C'est donc à bien déterminer le *réseau géographique* de chaque Etat qu'on devra s'attacher dans l'ouvrage dont nous nous proposons l'exécution, et c'est surtout en cela qu'il sera entièrement neuf : c'est aussi en considérant la géographie de cette manière, qu'on pourra parvenir à la placer sur la même ligne que les sciences physiques ou naturelles. C'est en suivant les idées dont M. Lacroix a fait sentir tout l'avantage, et nous les adoptons entièrement, que l'on peut arriver à déterminer ce réseau, avec succès; c'est en coordonnant toutes les divisions fondamentales du sol, dont la géographie physique nous aura donné les principes, que nous établirons ce réseau invariable auquel nous pourrons rapporter, comme à des bases fixes, les divisions politiques des hommes.

Ces principes posés pour un Traité de Géographie seulement, nous avons considéré qu'ayant aussi à présenter le *Tableau de la situation* des Etats, sous tous les points de vue qui peuvent faire apprécier les élémens de leur force, de leur richesse, de leurs ressources, en un mot de leur prospérité et de leur puissance respectives, ou autrement qu'ayant aussi à donner leur statistique, nous serions forcés à des répétitions considérables, par les divisions géographiques communes aux deux Traités, et par le double emploi qu'entraîneraient les considérations que la statistique emprunte à la géographie.

Nous avons pensé, par suite de ces réflexions, qu'il convenait de réunir en un seul corps tout ce qui tient à la géographie et à la statistique narrative, c'est-à-dire aux descriptions particulières des sociétés politiques. Cet arrangement aura d'ailleurs l'avantage de présenter, sous un seul coup d'œil, tout ce qu'il importe à un militaire de connaître ou du moins tout ce qu'il est possible de lui procurer dans un cadre déterminé. Les tableaux synoptiques pour la statistique, et les cartes pour la géographie, accompagneront et éclaireront les descriptions des divers pays.

Dans un Traité ainsi conçu, qui doit être d'un format commode et portatif, comprendre seulement ce qui est essentiel et former le moins de volumes possible, il est superflu d'observer qu'on ne doit point s'étendre hors de propos, sur les détails d'érudition ou de simple curiosité, ni même sur ceux dont l'utilité ne serait pas directe pour le but qu'on se propose, celui de fournir aux officiers du corps royal d'état-major, les renseignemens dont ils peuvent avoir à faire une application fréquente et indispensable.

En nous résumant, toutes les considérations générales et d'ensemble sur le globe, tant géographiques que statistiques, formeront une partie à part qui précèdera l'exposition des considérations de même nature, particulières aux divers Etats. Des tableaux d'ensemble donneront pour chaque partie du monde, des cadres généraux auxquels se rattacheront les descriptions particulières de chacun des Etats que cette partie comprendra; ainsi c'est par une succession graduée de tableaux généraux d'abord pour l'ensemble, ensuite pour ses grandes parties, que l'on arrivera aux descriptions particulières de chaque état politique, et cela en enchaînant les faits de détails de manière à ce qu'ils soient toujours dépendans des faits plus généraux, marche qui aura pour résultat de soulager la mémoire et de présenter à la fois le plus grand nombre d'aperçus et de rapports possibles. Des numéros d'ordre précèderont chaque paragraphe pour renvoyer tout ce qui peut être considéré comme des conséquences aux principes dont elles découlent, ainsi que M. Le Throne l'a si heureusement tenté pour la première fois, dans un ouvrage de géographie.

Telles sont les bases simples et méthodiques que nous avons cru devoir adopter pour le plan dont il est question et dont voici le développement sommaire.

Observation importante. On ne devra point juger l'étendue des divers Traités composant la première partie, par le plus grand développement relatif que nous avons donné à leurs programmes. Il était nécessaire de préciser nos vues au sujet de ces divers Traités; le corps de l'ouvrage lui-même, c'est-à-dire la Description des Etats, n'avait besoin que d'être indiqué. En montrant comment nous traiterons l'Europe en général et la France en particulier, nous montrons notre marche pour traiter tous les Etats voisins et pour décrire les autres parties du globe, sauf cependant le moindre développement à donner à notre travail, à mesure que l'intérêt et l'utilité décroissent.

Les divers Traités servant d'introduction, comprendront seulement ce qui sera absolument nécessaire, et leur réunion ne formera qu'un volume, c'est-à-dire le quart de l'ouvrage.

TABLEAU SYNOPTIQUE DES MATIÈRES

Qui doivent composer le Traité de Géographie et de Statistique.

PREMIERE PARTIE.

NOTIONS GÉNÉRALES, SERVANT D'INTRODUCTION A LA GÉOGRAPHIE ET A LA STATISTIQUE.

DEUXIEME PARTIE.

GÉOGRAPHIE MATHÉMATIQUE ET CRITIQUE.

TROISIEME PARTIE.

GÉOGRAPHIE ET STATISTIQUE NARRATIVES GÉNÉRALES, OU DESCRIPTION DU GLOBE TERRESTRE, CONSIDÉRÉ DANS SES GRANDS ENSEMBLES.

QUATRIEME PARTIE.

GÉOGRAPHIE ET STATISTIQUE NARRATIVES PARTICULIÈRES, OU DESCRIPTION DES SOCIÉTÉS POLITIQUES.

CINQUIEME PARTIE.

HISTOIRE SOMMAIRE DE LA GÉOGRAPHIE ET DE LA STATISTIQUE.

HISTOIRE CRITIQUE DE L'ART GRAPHIQUE.

BIBLIOGRAPHIE CRITIQUE DES LIVRES ET DES CARTES.

SIXIEME PARTIE.

THÉORIE DES RECONNOISSANCES MILITAIRES.

DÉVELOPPEMENT SOMMAIRE.

PREMIERE PARTIE.

Notions générales servant d'introduction à la Géographie et à la Statistique.

LIVRE PREMIER.

Notions générales de Cosmographie et d'Astronomie.

TITRE PREMIER. Aspect général de la Terre et du Ciel; Mouvemens apparens des Astres; Sphère céleste.

TITRE II. Moyens de déterminer la position des Astres; Méthode pour leur observation.

TITRE III. Théorie du Soleil. Mouvement annuel de la Terre. Saisons.

TITRE IV. Théorie de la Lune; de ses Phases; des Eclipses; *du Calendrier.*

TITRE V. Théorie des Planètes, des Satellites et des Comètes; Des Etoiles fixes et des Constellations. Explication des apparences célestes; Mouvemens réels.

TITRE VI. Gravitation universelle.

Tableaux Synoptiques et Comparatifs pour l'intelligence des diverses Théories.

LIVRE SECOND.

Notions générales de Géogonie ou Géologie.

TITRE PREMIER. Des diverses Cosmogonies, et, en particulier, des divers systèmes Géogoniques.

TITRE II. Des observations positives sur l'Histoire du Globe.

CHAPITRE Ier. Des agens qui exercent une action sur la surface du Globe.

CHAPITRE II. Des dégradations ou des changemens produits par cette action à la surface de la Terre.

CHAPITRE III. De la structure et de la superposition des masses Minérales.

CHAPITRE IV. Des changemens survenus progressivement dans la formation des masses Minérales, et divisions des terrains en six classes, d'après l'époque et la nature de leur formation.

TITRE III. De la diminution des Eaux de la mer; des catastrophes du Globe et des débris de l'ancien Monde; Conséquences des Observations positives, et résumé.

LIVRE TROISIEME.

Notions générales d'Ontogonie, pour les corps organiques, ou Histoire de l'établissement et du développement de la vie sur le Globe.

TITRE PREMIER. De la Création successive des diverses Races ou classes d'animaux et de végétaux.

TITRE II. De la distribution des corps organiques sur le Globe. Habitans de l'Atmosphère, des Eaux et de la Terre.

CHAPITRE Ier. Productions du nouveau Continent.

CHAPITRE II. Production de l'ancien Continent.

CHAPITRE III. Productions de l'Océanique.

CHAPITRE IV. Ensemble comparatif des productions de la Surface Terrestre, et circonscription des divers CENTRES PRODUCTIFS.

TITRE III. De l'Homme et des variétés de son espèce, de leur répartition sur le Globe, ou Géographie des races humaines.

CHAPITRE Ier. *Race nègre* et Peuples métis.
CHAPITRE II. *Race malaie* et Peuples métis.
CHAPITRE III. *Race américaine* et Peuples métis.
CHAPITRE IV. *Race mongole* et Peuples métis.
CHAPITRE V. *Race caucasique* et Peuples métis.
CHAPITRE VI. *Résumé.* Vue générale sur la dispersion des Peuples. Circonscription géographique des diverses Races.

LIVRE QUATRIEME.

Notions Historico-Géographiques, sur l'état des Sociétés politiques, jusqu'aux temps modernes.

CHAPITRE Ier. Premières Associations politiques connues.
CHAPITRE II. Exposé rapide des connaissances géographiques des Anciens.
De l'Atlantide et des premiers Navigateurs.
CHAPITRE III. Géographie Sacrée.
CHAPITRE IV. Géographie Mythologique et Héroïque.
CHAPITRE V. Géographie Ancienne.
Description de l'Asie.
Description de l'Afrique.
Description de l'Europe.
Divisions politiques de l'Empire Romain.
CHAPITRE VI. De l'ancien Continent, après la chûte de cet Empire, ou Géographie du moyen âge.
CHAPITRE VII. De l'état de l'Amérique à sa découverte et des premières navigations vers ce Continent.
CHAPITRE VIII. De l'état de l'Océanique à sa découverte et des premières navigations vers cette partie du Monde.

Afin de réunir le plus grand nombre possible de renseignemens utiles sur l'existence des Sociétés politiques, dont on doit donner la description, on terminera ce livre par des Tablettes chronologiques des principaux événemens de l'Histoire des Peuples, et particulièrement des événemens militaires célèbres.

LIVRE CINQUIEME.

Notions d'Economie politique.

TITRE PREMIER. LOIS PARTICULIERES D'EXISTENCE SOCIALE.

CHAPITRE Ier. Conditions premières de réunion.

1) Emplacemens convenables.
2) Produits nécessaires. — *Diverses nourritures des Peuples.*
3) Uniformité de langage. — Langues. — *Leurs diverses familles.*

∴ *Société Domestique.*

CHAPITRE II. CONDITIONS D'ASSOCIATION.

1) Partage du sol.
2) Travail. — Valeur d'échange. — Classement des professions.
3) Reconnaissance des droits individuels et de familles. — PREMIÈRES CONVENTIONS.

Société Civile.

CHAPITRE III. Conditions de durée.

a) Sentimens innés. — FREINS INDIVIDUELS.
1) Religion. — *Ses diverses espèces. — Leurs sectes.*
2) Morale. — *Celles des différens Peuples.*
b) Intérêts sociaux. — FREINS COMMUNS.
1) Surveillance réciproque. — Protection du plus faible.
2) Sûreté des Personnes et des Propriétés.
3) Délégation du pouvoir. — GOUVERNEMENT, *ses divers modes.*
— Police. — Administration.
— Lois. { Droit Civil. / Droit Politique. / Lois Pénales.
4) Application de la loi par des Juges. — TRIBUNAUX, *leurs diverses espèces.* — Respect au pouvoir.
5) Force militaire.
6) Indemnités accordées à quelques-uns pour le service de tous. — IMPÔTS. — SALAIRE. — Valeurs représentatives, MONNAIES. — Poids et Mesures.

Société Politique.

CHAPITRE IV. Conditions de prospérité.

1) Despotisme de la loi. — Egalité devant la loi. — Inamovibilité des Juges.
2) Discipline militaire.
3) Agriculture et Economie rurale.
4) Industrie et Commerce.
5) Arts et Sciences.
6) Supériorités morales et politiques reconnues et respectées.

CHAPITRE V. De la Formation et de la Distribution des richesses.

CHAPITRE VI. Examen des Rapports généraux et respectifs d'emplacement, d'établissement, de religion, de langues et d'institutions qui fixent les Sociétés sur le sol, et en font des corps de nations.

TITRE II. Lois réciproques, ou des Sociétés entre elles.
DROIT DES GENS ET DES NATIONS.
Science Politique.
Des Limites naturelles et politiques.

TITRE III. De l'Arithmétique politique ou sociale.

Observations. L'esquisse que nous présentons, n'a pour but que d'indiquer la marche et l'objet de l'Economie politique, qui, selon nous, n'a point encore été envisagée sous son véritable jour. Il ne s'agit point, dans l'exposé sommaire qu'on devra donner de cette science, de se perdre imprudemment dans des discussions métaphysiques, abstraites ou politiques; on devra simplement exposer les grandes lois d'existence sociale; les grandes idées d'ordre, qui font la force et la gloire des législateurs et des peuples. Ce n'est point non plus un cours de législation; il n'est pas nécessaire d'exposer toutes les lois des différens peuples, en copiant les pages immortelles de Montesquieu; mais il suffit d'indiquer les lois générales qui doivent régir toute association politique pour en assurer la durée et la prospérité.

On conçoit que dans une matière toute neuve à traiter et qui doit présenter l'un des tableaux les plus intéressans, pour l'homme qui réfléchit, on ne peut préciser avec la rigueur nécessaire les limites que la nature du travail, les convenances et la discrétion doivent faire adopter: mais à coup sûr un semblable Traité, sagement exécuté, ne peut qu'être heureusement placé en tête d'un ouvrage destiné aux militaires. Ils y trouveront ces grands préceptes, ces importantes vérités morales et politiques qu'ils ne doivent jamais oublier, s'ils veulent faire conserver aux troupes qu'ils conduisent, les égards et la modération envers les peuples opprimés ou vaincus, et par-là commander le respect dû à leur patrie; leur propre intérêt, celui de leur véritable gloire, la sécurité et le bien-être des troupes qui leur sont confiées, dépendent des mêmes principes. Les lois d'existence des sociétés politiques ne peuvent donc être mieux placées qu'en tête d'un recueil où les militaires de tous grades trouveront, dans les renseignemens statistiques qui y seront présentés, les moyens de mettre en action les préceptes de l'économie politique, et de troubler le moins possible l'harmonie ou l'ordre des sociétés. En évitant tout le mal qui peut s'éviter, ils se réserveront des chances dans la mauvaise fortune, qui, trop souvent, suit les plus brillans succès. Les nations savent toujours se résigner aux maux inévitables et sont reconnaissantes de ceux qu'on leur a épargnés et des ménagemens qu'on a gardés envers elles; c'est surtout dans les revers qu'on est récompensé d'une conduite noble et généreuse.

Cette première partie sera donc divisée en cinq Livres, formant autant de Traités particuliers et servant d'introduction à la Géographie et à la Statistique. Chacun de ces Livres sera accompagné des Cartes et des Tableaux nécessaires pour fixer les idées.

Cette partie renferme, comme on le voit, des élémens généraux qui sont communs à toutes les applications qu'on peut faire des sciences auxquelles elle sert d'introduction. On ne peut donc, jusqu'à un certain point, traiter ces élémens d'une manière spéciale; cependant on ne perdra pas de vue le but de l'ouvrage lui-même, et l'on se bornera à ce qui est vraiment utile.

SECONDE PARTIE.

Géographie Mathématique et Géographie Critique, ou Théorie de la mesure de la Terre, et de la représentation du Globe et de ses parties.

LIVRE PREMIER.

De la Sphère terrestre; détermination des points de sa surface par leur correspondance avec ceux de la Sphère céleste.

CHAPITRE PREMIER. Pôles, Méridien, Equateur et Parallèles terrestres.

CHAPITRE II. Détermination des Latitudes et Longitudes terrestres.

CHAPITRE III. Forme et dimensions de la Terre.

CHAPITRE IV. Système métrique.

CHAPITRE V. Des Zones et des Climats. Dénominations des Peuples d'après leur position astronomico-géographique.

LIVRE SECOND.

Des Globes et des Cartes.

CHAPITRE Ier. Construction des Globes.

CHAPITRE II. Des Cartes en général et des Projections.

CHAPITRE III. Projections Stéréographiques, ou perspectives.
1° Projection polaire ou Equatoriale; 2° Projection méridienne; 3° Projection horizontale.

CHAPITRE IV. Projections par développement.
1° Projection de Flamsteed; 2° Projection de Cassini; 3° Cartes plates et Cartes réduites.

CHAPITRE V. Construction des détails sur les Cartes d'après les plans.

CHAPITRE VI. De l'expression du nivellement sur les Cartes et du figuré du terrain.

CHAPITRE VII. De la construction ou de la correction des Cartes d'après les relations, les itinéraires, etc., ou GÉOGRAPHIE CRITIQUE.

CHAPITRE VIII. Des usages des diverses sortes de Cartes.

Tableaux pour les calculs, les décroissemens des grades, les signes conventionnels, les mesures itinéraires, etc.

TROISIEME PARTIE.

Géographie et Statistique narratives générales, ou description du Globe terrestre considéré dans ses grands ensembles.

LIVRE PREMIER.

Géographie Naturelle ou Physique.

TITRE PREMIER. Idées générales d'ensemble.

CHAPITRE 1er. Du Globe considéré comme planète; figure et volume de ce corps revêtu de son enveloppe atmosphérique. Divisions du Globe en parties *solides*, *liquides* et *fluides*, c'est-à-dire en terre, eau et atmosphère. De leur nature et de leur étendue relative (superficie, volume); de leur équilibre et de leur influence réciproque.

CHAPITRE II. Formes générales de la surface Terrestre, en considérant les grandes élévations et les grands bassins marins.

CHAPITRE III. Répartition des eaux dans les parties les plus creuses et exposition des grandes divisions terrestres et marines qui en résultent.

TITRE II. De l'Atmosphère ou Aérographie.

Chapitre Ier. De l'Air atmosphérique : de la *Météorologie* et de *l'Eudiométrie.*
Des Régions atmosphériques.
Des Phénomènes de réfraction et de réflexion.

Chapitre II. Des Météores aqueux.
Du mélange des Vapeurs aqueuses avec l'Air atmosphérique, par suite de l'évaporation terrestre.
Exposition des Phénomènes qui en résultent.
De la quantité moyenne des eaux Pluviales en divers pays.
De l'Equilibre des eaux.

Chapitre III. Des mouvemens de l'atmosphère.
Théorie des Vents; leurs diverses espèces ; de la force ou de la vélocité des Vents ; des Rhumbs ou airs de Vents.

Chapitre IV. Des Météores électriques.
Des Météores phosphoriques et du fluide magnétique.
Des Aurores boréales.
Des Ouragans.
Des Trombes terrestres et marines.
Des variations Horaires du Baromètre.

Chapitre V. Coup-d'œil d'ensemble sur tous ces Phénomènes, par rapport aux pays où on en ressent plus habituellement l'influence.

TITRE III. Des parties liquides ou Hydrographie.

Chapitre Ier. Système général des Eaux à la surface terrestre.
Des Sources et de leurs Phénomènes.
Des Cours d'eau et de leurs Phénomènes.
Des Lacs, etc.

Chapitre II. De l'Océan et de ses mouvemens; des glaces marines et des autres Phénomènes que présentent les Mers.
Divisions naturelles des Mers et leur dénomination.

Chapitre III. Des Mers intérieures, Golfes, Baies et Détroits des grandes divisions terrestres.

Chapitre IV. Des principaux Lacs de chacune de ces divisions.

Chapitre V. Des principaux Fleuves et de leurs bassins.

Chapitre VI. Coups-d'œil généraux sur la distribution et la direction générale des Eaux, leur quantité relative sur les diverses grandes masses des terres, avec un aperçu sur la forme et l'inclinaison des massifs qui impriment la direction aux courans.

TITRE IV. Des parties solides ou Géognosie.

Chapitre Ier. Relief général de la surface terrestre, au-dessus du niveau des Mers.

Chapitre II. Des caractères que la composition intérieure et l'effet des Eaux sur la surface terrestre, ont donnés aux formes extérieures.

Des diverses espèces de Sol et des aspects qui en résultent.

Chapitre III. Examen plus spécial des grandes divisions terrestres ou Continens.

1) Des pentes générales du terrain sur chaque Continent.
2) Des principaux systèmes de Montagnes, Bassins et Vallées.
3) *Idem.* Des grands plateaux et des grandes plaines.

On examinera pour chacun de ces grands accidens de terrain, leur correspondance et tous leurs rapports réciproques.

4) Des presqu'îles et des caps de chaque Continent.
5) Des différentes espèces de Côtes, avec un coup-d'œil sur les différens périples par rapport à la nature de ces Côtes.
6) Des îles qui appartiennent à chaque Continent, ou qui en ont été détachées.

Chapitre IV. Des îles éparses dans l'Océan.

TITRE V. De la température et de la densité du Globe ; des grands phénomènes que présente la Terre.

Chapitre Ier. De la densité des couches terrestres.

Chapitre II. De la Température du Globe.

Température à la surface des Terres.
Température de l'Atmosphère.
Température au-dessous de la surface des Terres.
Température des Mers.

De la ligne inférieure des Neiges perpétuelles.
Des lignes Isothermes ou de même température.

CHAPITRE III. Des Climats terrestres.

CHAPITRE IV. Des Volcans et des Tremblemens de Terre, considérés par rapport aux pays qui en ressentent plus habituellement les effets.

TITRE VI. Division naturelle de chaque Continent par régions et bassins.

Cartes et Tableaux nécessaires pour fixer les idées.

LIVRE SECOND.

Géographie politique Générale.

TITRE PREMIER. Des différens corps de Nation sur chaque continent; dans leurs rapports avec les régions naturelles; leurs Caractères distinctifs; comparaison de leur existence comme corps de Nation, ou comme Associations politiques.

TITRE II. Enumération des principales villes du Globe, qui peuvent être considérées comme centre d'activité des régions naturelles, et de leurs bassins.

Cartes et Tableaux nécessaires pour fixer les idées.

LIVRE TROISIEME.

Statistique Générale.

TITRE PREMIER. Examen des effets combinés de la température de l'Atmosphère et des Zones terrestres, avec les circonstances de localités pour la modification dans les climats.

TITRE II. Grandes différences Statistiques des régions naturelles du Globe.

On s'attachera, par spécialité, à exposer la situation militaire et respective des grandes divisions naturelles du Globe, d'après la considération des différences dans la configuration, la nature du sol, ses productions, sa température, et la civilisation des peuples.

Nota. Ces deux livres, sous des titres très-généraux, indiquent cependant assez les détails nécessaires dans lesquels il faudra entrer pour remplir le but qu'on se propose, ce qui fait que l'on n'a point spécifié les chapitres qu'ils doivent embrasser.

QUATRIEME PARTIE.

Géographie et Statistique particulières, ou description des sociétés Politiques.

LIVRE PREMIER.

De l'Europe.

TITRE PREMIER. Considérations générales ou d'ensemble pour rattacher les faits spéciaux sur l'Europe aux faits généraux exposés pour le Globe en général.

CHAPITRE Ier. Tableau naturel ou physique.

CHAPITRE II. Divisions naturelles de l'Europe, ou *Réseau Géographique.*

CHAPITRE III. Tableau politique et exposition des divisions politiques dans leurs rapports avec le Réseau Géographique.

CHAPITRE IV. De l'Europe considérée dans son ensemble, pour montrer les obstacles et les facilités intérieures qu'elle présente aux grandes invasions, d'une de ses parties vers l'autre.

TITRE II. Considérations spéciales ou situations des sociétés Politiques.

PREMIÈRE DIVISION. — DE LA FRANCE.

PREMIERE SECTION. Considérations générales sur la France.

a) Considérations d'emplacement et de ressources naturelles.

CHAPITRE Ier. Considérations Géogoniques ou Géologiques.

On exposera, dans ce chapitre, les circonstances particulières que l'époque et la nature de la formation ont occasionnées, et qui ont déterminé la physionomie, les accidens du sol, la nature des terrains et par suite celle de ses produits et le mode d'existence des peuples.

CHAPITRE II. Situation Physique.

§. Ier. Aérographie ou description de l'Atmosphère.
Influences atmosphériques. Météores de tous genres, leurs fréquences, leurs effets; vents dominans; contrées où ils règnent, etc., etc.

§. II. Hydrographie ou description des Eaux; leur influence, leurs ressources.
Réseau Hydrographique général; lignes de séparation des Eaux.
Tableaux hydrographiques pour les principaux Courans.

§. III. Géognosie, ou description du Sol.
Rapports naturels d'emplacement.
Aspect. Disposition du Sol.
Divisions naturelles; Montagnes, Bassins, ou Réseau géographique de la France.

§. IV. Défenses, communications naturelles; obstacles et facilités intérieures.

§. V. Climat, hygiène du Sol; fertilité, variété d'exposition, de nature, de moyens.

CHAPITRE III. Considérations sur l'Histoire naturelle.
Productions Minérales, Botaniques, Zoologiques, utiles ou nuisibles.
De l'Homme, sa race, sa constitution. Dispositions naturelles.

b) Considérations d'établissemens politiques et de résultats industriels.

CHAPITRE IV. Considérations historiques. Noms, origine, etc.

On exposera dans ce chapitre la situation de la nation, d'après l'influence de l'origine et des grands événemens qu'elle a éprouvés.

CHAPITRE V. Situation politique.

§. Ier. Limites politiques comparées aux limites naturelles.
Etendue, surface, etc.

§. II. Centre d'activité des divisions naturelles.

§. III. Population; ses divers états, son influence, ses ressources.

§. IV. Langage; origine, nature, état de la langue; ses dialectes ou patois. Poésie; musique.
Caractères alphabétiques; origine, rapports.

§. V. Etablissemens, travaux des hommes.
Nombre des villes, bourgs, villages, etc.
Forteresses; ports.
Grandes communications; routes, ponts, digues, chaussées.
Canaux; navigation intérieure.
Lignes extérieures de défense dans leurs rapports avec les défenses naturelles.

§. VI. Religions; sectes; dénombrement de la population sous ce rapport.

§. VII. Gouvernement; institutions de tous genres.
Police; administration; secours publics.
Constitution militaire; législation; régime, discipline des troupes.
Institutions militaires.
Forces de toute nature; état de ces forces.

§. VIII. Agriculture et économie rurale.
Histoire, état; nature des terrains; cultures diverses.
Animaux domestiques; leur dénombrement.
Cultivateurs, instrumens, procédés, constructions.
Etablissemens publics. *Population agricole.*
Produits du règne végétal et du règne animal.
Résultats généraux; consommation, excédans.

§. IX. Industrie et Commerce.
Industrie; mines, carrières, etc., etc. Exploitation, emploi des substances minérales.
Fabrication, emploi des substances végétales et animales.
Arts, métiers, professions, manufactures de tous genres.
Population industrielle ou manufacturière.
Résultats généraux, sommes des produits, leur évaluation; Consommation, excédans.
Commerce, intérieur, intermédiaire, d'expédition.
Valeurs consommées, importées, exportées.
Balance des résultats.

§. X. Monnaies réelles, de change.
Poids et mesures.

§. XI. *Civilisation;* instruction, caractère national, mœurs, usages, costumes, fêtes, divertissemens, etc.

§. XII. Hommes célèbres. Monumens de l'Histoire et des Hommes, des Sciences et des Arts. Choses remarquables, naturelles ou politiques.

§. XIII. Divisions administratives et militaires, dans leurs rapports avec le réseau géographique.
Divisions judiciaires, ecclésiastiques, maritimes, commerciales, universitaires, etc.

CHAPITRE VI. Résumés généraux d'application, ou Situation militaire.

Ce chapitre sera consacré à présenter dans un Tableau spécial, le résumé des faits exposés dans les chapitres précédens et dont les détails sont indispensables pour la guerre; de manière à faire apprécier tout ce que ces faits offrent de direct et de positif pour l'application à l'art de la guerre.

SECONDE SECTION. Considérations particulières ou situation des Circonscriptions administratives.

§. Région du Nord.

CHAPITRE Ier. Département du Nord.

CHAPITRE II. Département des Ardennes. etc., etc.

§. Région de l'Est.
§. Région de l'Ouest.
§. Région du Centre.
§. Région du Midi.

Cette section comprendra, sous autant de chapitres différens, la description sommaire de diverses divisions administratives, considérées *dans leurs rapports avec les divisions naturelles du sol et avec les divisions militaires reçues.* Cette description formera un Tableau particulier conçu d'après les mêmes bases que le Tableau général physique et politique de la France. On indiquera les lieux habités, les localités militaires célèbres, tant anciennes que modernes. On donnera pour chaque lieu habité, les faits importans à connaître, la population, le nombre de maisons, etc. Mais on n'en fera point une description détaillée, cela sortirait évidemment du cadre qu'on a dû se tracer. Le *Dictionnaire Statistique* doit y suppléer; on doit y trouver, par ordre alphabétique, tous les détails utiles dont on pourra avoir besoin sur les lieux habités, et la description des localités militaires célèbres tant anciennes que modernes.

DEUXIÈME DIVISION. — DE L'ANGLETERRE.

TROISIÈME DIVISION. — DE LA RUSSIE, etc., etc., etc.

Ces divisions se succèderont dans un ordre basé sur leurs positions géographiques, par rapport aux grandes régions naturelles de l'Europe.

LIVRE SECOND.

De l'Asie.

LIVRE TROISIEME.

De l'Afrique.

LIVRE QUATRIEME.

De l'Amérique.

LIVRE CINQUIEME.

De l'Océanique.

Ces exemples suffisent pour montrer l'ordre de l'exposition des faits. On arrive par une progression décroissante, de l'ensemble aux détails; on base et l'on rattache, dans des degrés subordonnés d'étendue, toutes les divisions territoriales politiques, au réseau géographico-physique dont on a d'abord présenté l'ensemble; de manière à fixer les idées sur des bases positives, invariables, les divisions ou subdivisions naturelles du sol.

On donnera ainsi des canevas tout prêts, selon la nécessité, aux officiers des états-majors, pour partir de bases fixes, dans les reconnaissances militaires ou topographiques qu'on aura besoin de leur faire exécuter; on leur indiquera, sur des Cartes conçues dans cet esprit, la partie qu'ils devront étudier et reconnaître, partie dont les rapports généraux seront déjà connus par la description et la Carte.

On comprend que la France en particulier, et l'Europe en général seront traitées avec plus de détails, et que les autres parties du monde n'offriront que les faits qui peuvent nous intéresser, soit par nos rapports avec elles, soit par l'importance des Peuples qui les habitent.

Les descriptions des Etats basées sur des principes uniformes d'exécution, seront toutes comparables entre elles et serviront ainsi à faire juger comparativement les effets généraux des institutions civiles de chaque Nation et tous les élémens de la puissance respective, de la richesse, de la force et de la prospérité de chacune d'elle.

CINQUIEME PARTIE.

LIVRE PREMIER.

Histoire sommaire de la Géographie et de la Statistique.

On donnera un précis historique de ces Sciences, des découvertes successives qui ont été faites, des connaissances qui nous manquent sur tel ou tel pays, etc.

LIVRE SECOND.

Histoire critique de l'Art.

On exposera d'une manière critique les Théories successivement adoptées pour la représentation du Globe ou de ses parties par des Cartes.

LIVRE TROISIEME.

Bibliographie critique des Livres.

LIVRE QUATRIEME.

Bibliographie critique des Cartes.

Le but de ces deux Livres est de présenter un catalogue critique des renseignemens Géographiques et Statistiques qui existent sur chaque pays, afin de montrer aux officiers d'état-major, les ressources qu'ils peuvent trouver en ce genre, et le degré de confiance qu'elles méritent.

SIXIEME PARTIE.

Théorie des reconnaissances Militaires.

Ou exposé des principes et des notions qui doivent diriger ou aider l'officier d'état-major, chargé de ces sortes de missions.

CHAPITRE Ier. Des renseignemens à prendre, de l'esprit dans lequel ils doivent être recueillis et présentés.

CHAPITRE II. Des Instructions.

CHAPITRE III. Des Matériaux qui peuvent servir de canevas aux reconnaissances.

CHAPITRE IV. Des Instrumens, des procédés divers dont on peut faire usage.

CHAPITRE V. Des Levés au mètre, au pas, à cheval, de mémoire, etc., et des autres opérations qui peuvent se faire sans instrumens.

CHAPITRE VI. Du Levé à vue.

CHAPITRE VII. Du dessin des Cartes et du croquis de reconnaissance.

CHAPITRE VIII. Des Mémoires descriptifs qui accompagnent le dessin.

CHAPITRE IX. Des Moyens pratiques de s'assurer de l'exactitude des renseignemens recueillis.

CHAPITRE X. Des Mémoires militaires, relativement aux considérations Géographiques et Statistiques.

FIN.

De l'Imprimerie de DEMONVILLE, rue Christine, n° 2.

TABLEAU GÉNÉRATEUR ET ANALYTIQUE *des Sciences qui ont pour objet* L'UNIVERS *et les* ETRES *en général*, *le* GLOBE *et* LES SOCIÉTÉS HUMAINES *en particulier*.

CONSIDÉRATIONS GÉNÉRATRICES.	RAPPORTS SIMPLES.			RAPPORTS COMPLEXES.		
	L'UNIVERS EN GÉNÉRAL Ou notre Système planétaire en particulier, considérés dans leur ensemble.	LE GLOBE CONSIDÉRÉ DANS SON ENSEMBLE.	LES ÊTRES CONSIDÉRÉS DANS LEUR ENSEMBLE.	L'UNIVERS EN GÉNÉRAL, Ou notre Système planétaire en particulier, considérés dans leurs rapports avec le Globe. *Et vice versa.*	LE GLOBE CONSIDÉRÉ DANS SES RAPPORTS AVEC LES SOCIÉTÉS.	L'HOMME Considéré dans ses dépendances générales pour la félicité de sa vie privée, ou la prospérité de son existence nationale.
FORMATION. *Sciences historiques.*	COSMOGONIE.	GÉOGONIE OU GÉOLOGIE, OU GÉOGÉNIE.	ONTOGONIE 1) Théorie de la formation des corps bruts. — *Aggrégation.* — *Dépots.* — *Cristallisation.* — *Stratification.* 2) De la Génération chez les différens Êtres vivans. 3) Histoire de la Création et de l'établissement de la vie sur le Globe. 4) De l'anéantissement des Races ou familles perdues.	(COSMOGONIE.)	HISTOIRE. CHRONOLOGIE. MYTHOLOGIE.	
MANIÈRE D'ÊTRE OU D'EXISTER. *Sciences descriptives.*	COSMOGRAPHIE.	GÉOGRAPHIE NATUR. OU PHYSIQUE, — AÉROGRAPHIE. — HYDROGRAPHIE. — GÉOGNOSIE.	ONTOGRAPHIE, OU HISTOIRE NATURELLE. Règne atmosphérique. Règne minéral. { Oryctognosie. Cristallographie. Règne végétal. Règne animal, ou Zoologie. Palontographie. { Végétale. Animale.	(URANOGRAPHIE.)	GÉOGRAPHIE POLITIQUE.	STATISTIQUE.
LOIS D'EXISTENCE. *Sciences analytiques ou Codes des Lois de la nature.*	COSMONOMIE OU COSMOLOGIE, OU PHYSIQUE GÉNÉRALE.	GÉONOMIE, OU PHYSIQUE PARTICUL. MÉTÉORONOMIE.	ONTONOMIE. Chimie. { Météorique. Minérale. Végétale. Animale. Physiologie. { Végétale. Animale. Anatomie. { Végétale. Animale.	(ASTRONOMIE.)	ÉCONOMIE POLITIQUE. POLITIQUE.	

GÉOGNOSIE, GÉOGRAPHIE NATURELLE.
ONTOGONIE, ONTOGRAPHIE.
GÉONOMIE, ONTONOMIE.
{ Desquelles naissent les CONSIDÉRATIONS D'EMPLACEMENS et de RESSOURCES NATURELLES. } PREMIER ORDRE DE LA

HISTOIRE.
GÉOGRAPHIE POLITIQUE.
ECONOMIE POLITIQUE.
{ Desquelles naissent les CONSIDÉRATIONS D'EMPLACEMENS POLITIQUES et de RÉSULTATS INDUSTRIELS, } SECOND ORDRE DE LA

} STATISTIQUE.

IIe TABLEAU METHODIQUE des Sciences et des Arts élémentaires ou préparatoires, *dont l'étude doit précéder ou servir à celle de la* Géographie, *avec les Divisions principales de cette science, et les manières spéciales de l'envisager.*

SCIENCES et ARTS ÉLÉMENTAIRES,

C'est-à-dire dont on doit avoir des Notions élémentaires pour bien comprendre les Sciences géographiques.

Mathématiques.
Physique.
Chimie.
Dessin.

SCIENCES PRÉPARATOIRES

par des Traités élémentaires et généraux.

Cosmogonie.
Uranographie.
Astronomie.
Géologie ou Géogonie.
Histoire naturelle ou Ontographie.
Histoire. { On la considère ici comme remontant à l'origine des sociétés.
Économie politique.

DIVISIONS de la GÉOGRAPHIE.

1. DIVISIONS D'ESPACE, *emportant des degrés subordonnés de détails.*

Géographie.
Chorographie.
Topographie.

2. DIVISIONS *par rapport au mode d'exposition.*

Géographie descriptive ou narrative.

Représentation de la terre par des cartes.

3. DIVISIONS DE MATIERES *pour l'Exposition des faits de la Géographie descriptive ou narrative.*

Géographie naturelle ou physique.
Aérographie.
Hydrographie.
Géognosie. (Elle expose les *Régions naturelles* des continens.)

Géographie politique.

1re SECTION. Emplacemens respectifs, établissemens et travaux sur le sol.

1° Des différens corps de nations sur chaque continent, dans leurs rapports avec les régions naturelles.

2° Des principales villes du globe, considérées comme centres d'activité des régions naturelles.

3° Emplacemens respectifs des états.
Limites naturelles.
conventionnelles.
Etendue, surface.

4° Etablissemens, travaux des hommes.
Villes, bourgs, villages, hameaux, forteresses, ports, etc.
Communications { Routes, ponts. Canaux.
Digues, chaussées.

2e SECTION. Enoncé de l'origine, de la race, du gouvernement, des institutions, de la religion, de la langue; cercles administratifs.

Administrations *civile, judiciaire, ecclésiastique, militaire, maritime, commerciale, financière, universitaire.*
Secours publics, institutions de tout genre.
Choses ou événemens remarquables, naturels ou politiques.
Monumens de l'histoire, des sciences et des arts. Antiquités.

MANIERES SPECIALES d'envisager la GÉOGRAPHIE.

1. GÉOGRAPHIE comparée.

ancienne { mythologique. profane. sacrée.

du moyen age.

moderne.

2. GÉOGRAPHIE civile ou administrative. Préfectures, Sous-Préfectures, Communes. *Direction* de l'Instruction publique.
Conservation des forêts, *Direction* des ponts et chaussées.
Inspections des postes, de l'enregistrement et des domaines, des droits réunis, des douanes, des contributions, des salines.

judiciaire. Cours royales, de cassation, Chambre des comptes.
Tribunaux de paix, de 1re instance.
de commerce, maritime.
militaires ou Conseils de guerre.

ecclésiastique. Archevêchés, évêchés, paroisses, succursales.

militaire. Gouvernemens, Divisions militaires.
Commandement de département, de place; Lieutenance de Roi.
Inspections d'armes, artillerie, génie, etc. Places fortes, lignes de défense. Localités célèbres.

maritime. Inspections des côtes; Ports royaux, marchands, localités célèbres.

commerciale, manufacturière, industrielle; agricole.

financière. Recettes générales, particulières.

universitaire. Universités, Colléges royaux; Inspections.

routière. Routes de 1re, 2e et 3e classes.
Inspections des ponts et chaussées, de la navigation.

des langues et des caractères alphabétiques.

des races humaines.

COMPLÉMENT des Sciences GÉOGRAPHIQUES.

Histoire de la Science et de l'Art.
Bibliographie des Livres, des Cartes, des Plans.
Géographie mathématique.
Géographie critique.
Iconographie ou Art graphique

{ Levés. Projections, constructions des Cartes.

IIIe TABLEAU ANALYTIQUE ET MÉTHODIQUE *des Considérations et des Faits que la* STATISTIQUE *embrasse dans l'ensemble de ses divisions.*

STATISTIQUE.

1er ORDRE. *Considérations d'emplacemens et de ressources naturelles.*

- CONSIDÉRATIONS GÉOGONIQUES. . — On expose les circonstances particulières que l'époque, la manière, la nature de la formation ont occasionnées, et qui, en caractérisant la contrée, ont modifié sa physionomie, les accidens du sol, la nature de ses produits, et, par suite, l'existence des peuples. . . . . . . *Descriptions.*
- GÉOGRAPHIQUES. . (*Géographie naturelle ou physique.*)
  - *Aérographie.* . . / *Hydrographie.* . . — Influences et ressources. . . . . . . *Descriptions et Tableaux.*
  - *Géognosie.* . . — Aspect et disposition du sol. / Défenses et communications naturelles. Rapports naturels d'emplacemens. / Hygiène du sol; fertilité; variétés d'expositions, de nature, de moyens. . . . *Descriptions.*
- SUR L'HISTOIRE NATURELLE. On considère cette science sous les rapports des besoins de l'homme comme *être vivant*, et des peuples comme *associations politiques.*
  - *Minéralogie.* . . / *Botanique.* . . / *Zoologie.* . . — Ressources et influences. . . . . . . *Descriptions et Tableaux.*
  - *L'homme.* . . . Sa race : facultés physiques et morales. . . . . . . *Descriptions.*

2e ORDRE. *Considérations d'établissemens politiques et de résultats industriels.*

- CONSIDÉRATIONS HISTORIQUES. . . — On expose ici la situation des nations d'après l'influence de leur origine et des événemens successifs qu'elles ont éprouvés. . . . . . . *Idem, idem.*
- GÉOGRAPHIQUES. . (*Géographie politique.*)
  - *sur le langage.* . — Origine, nature, état de la langue, des dialectes ou des patois, Poésie. . . . *Idem, idem.*
    - Caractères alphabétiques, origine, rapports. . . / Musique. . . . . . — On fait connaître tous ces objets et leur influence sur les relations des peuples, par des. . . . . . *Descriptions et des Tableaux.*
  - *sur la population.* — On fait connaître l'état de la population, l'influence de cet état, et les ressources qu'il offre. . . . . . . *Descriptions et Tableaux.*
  - *d'emplacemens.* . . . . . / *d'établissemens et de travaux sur le sol.* . . . . . / *d'institutions.* . . — Gouvernement, religion, administrations. / Secours publics, institutions de tout genre. — Situation de tous les objets qu'embrassent ces trois grandes divisions. Influences, ressources, rapports avec l'état de la nation. . . . . . *Descriptions, quelques Tableaux.*
- D'ÉCONOMIE POLITIQUE.
  - *Agriculture et Economie rurale.* — Etat, histoire. / Terres, culture des végétaux. / Animaux domestiques. / Cultivateurs, constructions, instrumens. / Produits du règne minéral, végétal et animal. — Procédés, Etablissemens, Produits, Résultats, — par des. . *Descriptions et des Tableaux.*
  - *Industrie et commerce.*
    - *Industrie.* . — Exploitation, emploi des substances minérales, végétales, animales. . . . *Idem.* / Evaluations; arts, métiers, professions. . . . *Idem.* *Idem.* . . . . . *Idem, idem.*
    - *Commerce.* . — Consommation, importation, exportation. . . *Idem.* / Commerce intérieur, intermédiaire, d'exportation. *Idem.* / BALANCE DES RÉSULTATS. . . . . *Idem.* . . . . . *Idem, idem.*
  - *Monnaies réelles, de change.* / *Poids et mesures.* . . . . — Influence, comparaison des valeurs. . . . . . *Idem, idem.*
- INSTRUCTION, caractères, mœurs, usages, costumes, fêtes et divertissemens. . / HOMMES CÉLÈBRES, Monumens de l'histoire et des hommes, des sciences et des arts. / CHOSES REMARQUABLES naturelles ou politiques. . . . . . — Il faut faire connaître la situation du pays par la *description* de tous ces objets; indiquer l'influence des uns et les inductions que fournissent les autres.

www.ingramcontent.com/pod-product-compliance
Ingram Content Group UK Ltd.
Pitfield, Milton Keynes, MK11 3LW, UK
UKHW022136190726
13855UKWH00003B/1175

9 782013 069458